Sammlung Luchterhand 218

W0074345

Yeats (1894)

William Butler Yeats
Liebesgedichte

*Herausgegeben
und mit einem Nachwort versehen
von Werner Vordtriede*

Luchterhand

Aus dem Englischen von Stefan Andres, Richard Exner, Ernst Jandl, Erich Kahler, Susanne Schaup, Werner Vordtriede.
Die Auszüge »Aus den Lebenserinnerungen« (übersetzt von Werner Vordtriede) sind entnommen dem Band W. B. Yeats, »Memoirs, Transcribed and Edited by Denis Donoghue«, Macmillan LTD, London, 1972.

Erstausgabe
Sammlung Luchterhand, August 1976
Lektorat: Thomas Scheuffelen
Ausstattung von Barbara Hehn

© M. B. Yeats and Anne Yeats
Alle deutschen Rechte beim
Hermann Luchterhand Verlag,
Darmstadt und Neuwied, 1976.
Gesamtherstellung bei der Druck- und
Verlags-Gesellschaft mbH, Darmstadt.
ISBN 3-472-61218-5

GEDICHTE

INDISCHES LIEBESLIED

Die Insel träumt im Morgengrau,
Von großen Büschen trieft die Ruh,
Das Perlhuhn tanzt auf glatter Au,
Am Baum schwingt sich ein Kakadu
In Wut vorm eigenen Bild in der gefärbten Flut.

Hier wollen wir das Boot vertäun
Und immer wandern Hand in Hand
Und Lipp an Lippe uns vertraun
Dahin durchs Gras, dahin am Sand
Und flüstern: Weit liegt doch das unruhvolle Land!

Wie wir von Menschen ganz verschont
Im stillen Busche sind, versteckt,
Wird unsre Liebe wie ein Mond
Aus unserm Feuer aufgeschreckt
Eins mit der Flut die glänzt, den Schwingen pfeilgereckt,

Dem dichten Laub, dem Täuberich,
Der hundert Tage seufzt und klagt:
Wie, wenn wir tot sind, Schatten streicht,
Wenn Abend alles still gemacht,
Mit Nebelsohlen bei verschlafnem Wasserglanz.

Scheue, du Scheue,
Du Scheue, mein Licht,
Sie bewegt sich im Herdschein,
Nachdenklich, für sich.

Sie bringt herein die Teller
Und stellt reihum sie hin,
Auf ein Eiland im Wasser
Mit ihr möcht ich ziehn.

Sie bringt herein die Kerzen
Und macht den Vorhang dicht,
Scheu an der Schwelle
Und scheu im Halblicht.

Und scheu wie ein Wiesel
Wie sie scheu mich bedient,
Auf ein Eiland im Wasser
Mit ihr möcht ich ziehn.

Wer träumt, daß Schönheit wie ein Traum entflieht?
Für diesen stolzen Mund, so traurig rot,
Weil ihr das Leben keine Wunder bot,
Ist Trojas Asche nach dem Brand verglüht,
Sind Usnas Söhne tot.

Alle, die wir beladen sind, vergehn:
Wo Menschenseele schwankt und haltlos bricht,
Wo Winterwasser forteilt, blaß und licht,
Wo Sternenzüge wie Gischt vom Himmel wehn,
Lebt einsam ihr Gesicht.

Neigt euch, Erzengel, dort im Dämmerschein,
Bevor ihr wart und irgend Herz noch schlug,
Lag eine sanft und matt an Gottes Pflug;
Er hieß die Welt die grüne Straße sein,
Die ihre Füße trug.

Ein Erbarmen ohne Namen
Ist im Herzen der Liebe bewahrt:
Die Leute, die handeln und kramen,
Die Wolken auf hoher Fahrt,
Der naßkalten Winde Ergießen
Und das schattige Haselnußlaub,
Wo mausgraue Wasser fließen,
Bedrohn das geliebte Haupt.

Unter dem Dach der Vogelschrei,
Der helle Mond, des Himmels weiß Gefild,
Und allen Laubs gerühmte Melodei,
Sie hatten ausgelöscht den Menschenruf, das Menschenbild.

Ein Mädchen kam mit trauernd rotem Mund
Und schien die Größe aller tränennassen Welt,
Der Schiffe Mühsal, des Odysseus Fluch,
Der Stolz des Priamus, im Mord gefällt;

Sie kam und plötzlich: Vogelschrei,
Steigender Mond in ödem Sterngefild
Und allen Laubes klagend Einerlei
Verdichten sich zu Menschenruf und Menschenbild.

Bist du einst alt und grau und voller Schlaf
Und nickst am Feuer ein, dann nimm dies Buch,
Lies langsam, träume dich zurück und such,
Wie mich dein Aug mit seinem Schatten traf.

Wie viele liebten dich im heitren Licht
Und, weil du schön warst, sahn dich mit Begier,
Doch einer liebt' das Pilgerherz in dir,
Die Trauer in dem wechselnden Gesicht.

Und wenn du dich hinunterneigst zur Glut,
Dann flüstre traurig: wie die Liebe floh
Und auf den Bergen hinschritt irgendwo
Und ihr Gesicht verbarg in Sternenflut.

Alles was grob und zerbrochen, all was verbraucht ist
und alt,
Der Schrei eines Kindes am Wege, das Knarren des
holpernden Rads,
Die schweren Tritte des Pflügers, der die Winterkrume
verspritzt,
Tun deinem Bilde unrecht, das als Rose tief in mir blüht.

Das Unrecht der formlosen Dinge ist ein Unrecht, das kein
Wort beschreibt,
Ich hungre danach, sie zu formen und zu sitzen für mich auf
dem Grün
Und Erde und Himmel und Wasser umschaffend
zu goldenem Schrein
Für meinen Traum von dem Bildnis, das als Rose tief in mir
blüht.

ER MACHT DEM BRACHHUHN VORWÜRFE

O, Brachhuhn, schrei nicht mehr in der Luft
Oder nur zum Wasser im Westen hin,
Weil in deinem Schrei Erinnrungen sind
Von verschleierten Augen und üppigem Haar,
Das über mir ausgeschüttelt hing:
Böse genug schreit allein schon der Wind.

EIN DICHTER AN SEINE GELIEBTE

Ehrfurchtsvoll hält meine Hand
Traumesbücher ohne Zahl,
Weiße Frau, von Sehnsucht müd
Wie von Brandung grauer Sand;
Und mein Herz ist mehr verblüht
Denn das Horn in Glut der Zeit,
Träumerische weiße Frau
Meine Reime sind bereit.

Tu ins Haar die goldene Spange hinein,
Die streunenden Strähnen binde fest;
So Armes hält mein Herz bereit:
Ich schrieb solche Reime tagaus, tagein,
Und schuf aus alter Schlachten Rest
Eine traurige Lieblichkeit.

Heb bloß die perlenblasse Hand,
Steck fest dein langes Haar und seufz;
Und jedes Mannherz brennt und hupft;
Und Schaum, wie Kerzen, auf dem Sand,
Und Sterne, die der Himmel häuft,
Sind Licht erst wenn dein Fuß sie tupft.

Der Spaßmacher ging im Garten,
Wenn Gärten zur Ruhe gehn;
Er hieß seine Seele fliegen
Und auf ihrem Fensterbrett stehn.

Sie flog in glattem blauem Kleid,
Mit Beginn des Eulengeschreis:
Ihre Zunge war wissend vom Denken
An Schritte, leichtfüßig und leis;

Die Königin, jung, im blassen Gewand,
Erhob sich, doch nicht um milde zu sein;
Zog das schwere Fenster nach innen
Und klinkte die Riegel ein.

Er hieß sein Herz zu ihr gehn,
Als das Eulengeschrei verklang;
In einem roten und zuckenden Kleid
Das Herz durch die Tür für sie sang.

Süßzungig war es vom Träumen
Von flatterndem Blumenhaar;
Doch die Frau nahm den Fächer vom Tisch
Und schlug bis es fortgescheucht war.

»Ich hab eine Schellenkappe,
Die schicke ich ihr und sterb«;
Er ließ, als der Morgen weiß war,
Sie unterwegs zur Erd.

Sie legte sie auf ihre Brüste,
Unter Wolken von ihrem Haar,
»Ich liebe euch«, sang ihr roter Mund,
Bis die Luft Sterne gebar.

Sie tat auf ihre Tür und ihr Fenster,
Und das Herz und die Seele kamen zur Frau,
Das Rot trat an ihre linke Hand,
An ihre rechte das Blau.

Da erhob sich ein Schwatzen wie Grillen,
Ein wissendes süßes Getriebe,
Und ihr Haar stand gefaltet als Blume,
Ihre Füße leise vor Liebe.

Ich wandre vorbei
An dem See ohne Licht,
Wo der Wind im Schilf schreit:
»Eh die Achse nicht bricht,
Die den Sternkreis hält
Und keine Hand in die Tiefe warf
Die Banner von Ost und West
Und der Gürtel des Lichts sich abschält,
Liegst du nie Brust an Brust
Mit deiner Liebsten im Schlaf«.

DER LIEBENDE SPRICHT ZU DENEN DIE IN KOMMENDEN
TAGEN SEINE LIEDER HÖREN WERDEN

Oh Frauen, die ihr einst an geweihten Geländern kniet,
Wenn dann meine Liebeslieder euch stören im Gebet
Und dieses toten Herzens Rauch durch purpurne Lüfte weht
Und den Schwalm aus Myrrhe und Weihrauch überzieht,
Neigt euch und betet für die Sünde die ich zu Liedern spann
Bis der verlornen Seelen Fürsprech Stimme sich hebt
Und uns anruft, meine Liebste und mich: ›Nicht länger
schwebt
Im zagenden klagenden reumütigen Gespann.‹

ER WÜNSCHT SICH DIE TÜCHER DES HIMMELS

Hätt ich die reichgestickten Himmelstücher
Gewirkt aus goldenem und silbernem Licht,
Die blauen und die matten und die dunklen Tücher
Von Nacht und Licht und halbem Licht,
Ich breitete die Tücher dir zu Füßen:
Doch weil ich arm bin, hab ich nur die Träume;
Die Träume breit ich aus vor deinen Füßen:
Tritt leicht darauf, du trittst auf meine Träume.

ER DENKT SEINER VERGANGENEN GRÖSSE DA ER EIN TEIL
DER HIMMLISCHEN STERNBILDER WAR

Im Lande der Jungen hatt ich mir eingeschenkt
Und weine nun, denn ich weiß jedes Ding:
Ich war ein Haselbusch und in ihn gehängt
War der Polarstern und der Große Bär hing
In meinen Blättern zu Zeiten die vergessen sind:
Ich ward eine Binse, von Rossen zerklaubt:
Ich wurde ein Mann, ein Hasser von Wind,
Wisser, fern jedem Ding, allein, daß sein Haupt
Nicht liegen darf auf der Brust, noch sein Mund auf dem
Haar
Der Frau die er liebt, bis er gestorben sei.
Oh Tiere der Wildnis, in Lüften ihr Vogelpaar,
Muß ich erdulden euren verliebten Schrei?

Liebste, liebe nicht zu lang:
Ich liebte lang und lang
Und wurde darüber unzeitgemäß
Wie ein alter Gesang.

In unsrer ganzen Jugend war
Es uns so einerlei,
Ob ich was dachte oder du,
Wir waren so sehr eins.

Doch sie wurde anders im Nu –
O, liebe nicht zu lang,
Sonst wirst du auch unzeitgemäß
Wie ein alter Gesang.

LIED DER DEIRDRE

Liebe ist ein maßlos Ding,
Das nicht eher Ruhe kennt,
Bis es einen Flügel netzt,
Wo ein Lachen hüpft und brennt
Und das Licht der Zeit sich trübt.
Wo wird Lohn dem Liebeskuß,
Wo dem Aufruhr unsres Bluts,
Das vor Tag vergehen muß?
Herz an Herz und Mund an Mund,
Hauch, gemischt in Lust und Not,
Ist die Liebe Sehnsucht nur
Nach den Dingen hinterm Tod?

Sprach einer sie nur an,
Glaubt' ich als Jüngling,
Er sei ihr zugetan
Und zitterte vor Ingrimm.
Verbrechen, wenn ein Mann
Nur so vorüberging
Und gar nicht Feuer fing.

Worauf ich schuf und schrieb,
Und jetzt, ergraut,
Da träum' ich, daß mich's trieb
Zum Höchsten ihr zulieb;
In Zukunft sagt man laut:
»Er spiegelte genau
Den Körper dieser Frau«.

Denn feurig war ihr Blut
— 's ist her so lang —
Sie schritt so stolz dahin
Und hold, wie Wolken ziehn,
Die einst Homer besang,
Daß Kunst und Leben kaum
Mehr sind als Heldentraum.

Dies kam mir unlängst in den Sinn:
Daß meine Liebste nie verstand,
Was ich getan hab, tu und bin
In diesem blinden bittren Land.

Da wurd ich recht die Sonne müd,
Dann aber klärte sich mein Geist:
Das Beste tat ich ja, bemüht,
Ihr zu sagen was es heißt.

›Nun endlich,‹ rief ich Jahr für Jahr,
›Verstehts die Liebe doch,
Jetzt hab ich erst die rechte Kraft
Und zwing das Wort ins Joch.‹

Doch hätte sies getan, wer sagt,
Was sich im Schütteln ausgesiebt,
Die armen Worte weggejagt,
Hätt ich wohl nur gelebt.

Soll ich sie tadeln, daß sie mich verletzt
Tagaus tagein, das blöde Volk so scharf
Zu blindem Eifer und Gewalt verhetzt
Und kleine Straßen nach den großen warf,
Hätte Begierde gleichen Mut entfacht?
Wie kann sie friedlich sein mit einem Geist,
Den Stolz so lauter wie ein Feuer macht,
Gespannt im Bogen ihrer Schönheit kreist,
Die unsren Zeiten nicht geläufig ist,
Erhaben streng und einsam bis zum Rand?
Was hätte ihr gefrommt, so wie sie ist?
Wo findet Troja sie zum zweiten Brand?

VERSÖHNUNG

Vielleicht, daß du dich schon in Schuld verfingst,
Als du die Verse mitnahmst, deren Ton
An jenem Tag noch rührte, als du schon,
Die Ohren taub, vom Blitz geblendet, von mir gingst
Und mir zum Singen nichts mehr blieb. Ich nahm
Dann Könige, Schwerter, Helme, halb vergeßnen Kram,
Der gleichsam mich an dich erinnerte. Doch heut
Versöhnt hinaus! Die Welt lebt wie in alter Zeit;
Solang es uns vor Lust und Schmerz verzehrt,
Weg mit den Helmen, Kronen, mit dem Schwert.
Doch, Liebes, jetzt umklammre mich, denn seit ich hier
allein
Drang ödes Denken eisig ins Gebein.

FRIEDE

Wie rührt die Zeit an diese Form,
Die Homers Jahrhundert schon
Schuf für einen Held zum Lohn.
»War ihr Leben nicht ganz Sturm,
Stoff für Maler diese Form
Stolz erfüllt,« hab ich geglaubt,
»Solch ein zartes hohes Haupt,
Strenge in der Anmut Arm,
Holdheit, die in Stärke steht?«
Doch der Friede kommt zu spät:
Zeit berührte diese Form.

ALLES KANN MICH VERLOCKEN

Alles lockt mich von diesem Dichtwerk fort:
Ein Frauenantlitz einst und – schlimmer noch –
Die Scheinnot meines narrensüchtigen Lands.
Nun geht mir nichts so leicht mehr von der Hand
Wie die gewohnte Fron. Als Jugend riet,
Gab ich nicht einen Heller für ein Lied,
Sang es der Dichter nicht, als ob – bewehrt –
Die Treppen hoch er heimlich bärg ein Schwert;
Und wär jetzt gern – ich gäbe viel darum –
Fühlloser als ein Fisch und taub und stumm.

Ich flüsterte »ich bin zu jung«,
Und dann »ich bin alt genug.«
Warf deshalb einen Pfennig,
Um zu sehn, ob ich lieben darf.
Liebe nur, liebe nur, junger Mann,
Wenn die Dame jung ist und schön.
Ach, Pfennig, du brauner Pfennig,
Ich bin verstrickt in dem Strick ihres Haars.

O die Liebe ist wirklich krumm,
Da ist keiner weise genug
Zu entdecken, was alles darin ist,
Denn er würde an Liebe denken,
Bis die Sterne verlaufen wären
Und die Schatten den Mond verschlängen.
Ach, Pfennig, du brauner Pfennig,
Man fängt nie zu früh damit an.

GEFALLENE HOHEIT

Obgleich die Menge herbeilief, zeigte sie nur ihr Gesicht
Und selbst Greisenaugen sich trübten, diese Hand allein –
Wie ein letzter Höfling im Zigeunerlagerplatz
Von gefallener Hoheit plappernd – hält fest was war.

Die Züge und ein Herz, das vom Lachen süß war,
Dies, dieses bleibt. Doch ich halte fest was war. Die Menge
Wird nicht wissen, daß sie dieselben Straßen geht,
Wo einst ein Ding ging, das eine brennende Wolke schien.

Die Zeit verging uns wie im Spiel
Ich hatte die Weisheit, die Liebe uns gibt
Ich hatte mein Teil an Mutterwitz –
Und doch, was immer ich sagen konnt'
Und wie sehr sie mich pries für alles das
Eine Wolke, geblasen vom schneidenden Nord,
Verschattete plötzlich den Liebesmond.

Ich pries ihren Körper, ich pries ihren Geist
In wahrem Glauben an das was ich sprach.
Stolz macht' ihre Augen strahlend hell
Und Freude ihre Wangen rot
Und Eitelkeit ihren Gang beschwingt,
Und doch lag weiter, trotz alledem,
Nur lähmendes Dunkel über uns.

Wir saßen schweigend da wie Stein
Wir wußten ohne das kleinste Wort,
Daß die lauterste Liebe auch sterben muß,
Und wäre gestorben elendiglich,
Hätte nicht eines kleinen Vogels Ruf,
Ganz lächerlichen kleinen Vogels Ruf
Die Liebe in uns dazu vermocht
Aus der dunkeln Wolke herauszuziehn
Den wunderbaren Mond.

DASS ENDLICH KÄM DIE NACHT

Sie lebt' in Sturm und Streit,
Solch gieriger Ungeduld,
Zu wissen was am End
Der stolze Tod ihr brächt',
Daß Daseins Freundlichkeit
Ihr nicht erträglich war.
Und lebte wie ein Fürst,
Der seinen Hochzeitstag
Mit Bannerherrn und Wimpeln,
Mit Pauken und Trompeten
Und wüsten Kanonaden
Über die Maßen anfüllt,
Die Zeit nur wegzubringen,
Daß endlich käm die Nacht.

Könnt ich das Segel spannen zu Wasser,
Wo mancher König hinging
Und manche Königstochter
Und landen unter Bäumen im grünen Ring
Bei Flötenspielern und Tänzern
Und dabei lernen: am besten muß
Man die Liebe wechseln im Tanzen
Und dem Kuß nur danken mit Kuß.

Dort fänd ich am Ufer des Wassers
Das Schlüsselbein eines Hasen
Dünngerieben vom leckenden Wasser
Und bohrte ein Loch in den Knochen und starrte
Auf die bittere Welt, die Heirat in Kirchen
Und lachte am unbewegten Wasser
Über alle, die heiraten in Kirchen
Durch den weißen dünnen Knochen des Hasen.

Ich heischte, da sich Docht und Öl verbrennt,
Mein Blut durch die vereisten Rinnen fließt,
Daß, ungenügsam, Herz Genüge kenn
An Schönheit die man sich aus Formen gießt
In Erz; oder in blankem Marmor scheint,
Scheint, aber wieder hingeht wenn wir gehn,
Für unsre Einsamkeit achtloser, kalt
Wie ein Gespenst. Oh Herz, wir sind alt.
Lebendige Schönheit ist nur Jungen schön:
Das Kaufgeld wilder Tränen ist verweint.

Ich glaubte, mehr bedürf es nicht
Als Fechtrapier und Stemmgewicht,
Daß Jugend länger treibe,
Der Körper frisch verbleibe.
O, wer denn dachte dran,
Daß das Herz altern kann!

Zu reden weiß ich wohl noch was,
Doch welcher Frau genügte das,
Da ich in ihrer Nähe
Nicht mehr wie eh vergehe;
O, wer denn dachte dran,
Daß das Herz altern kann!

Begier ist's nicht was ich verlor,
Das Herz nur wie es war zuvor,
Das mir verbrannt noch hätte
Den Leib im Totenbette –
So wähnt ich, denn wer dachte dran,
Daß das Herz altern kann!

Du liebe Kunstgefährtin, so
In jeder Art Gesellschaft froh,
Mit jedem Hinz und Kunz?
Wähl dir die beste Kumpanei,
Beim Eimerziehn mit wems auch sei,
Purzelst du bald zum Grund.

Du, guter Zunft ein Spiegelschein
Darfst glühend, nicht freigebig sein
Wie Durchschnittsschöne je,
Die richten sich nicht nach dem Trimm
Von Alt-Hezekiels Cherubim,
Sie fahrn mit Beauvarlet.

Ich weiß es, wie die Schönheit lohnt,
Und weiß, wie schwer ihr Diener front,
Weiß doch den Wintern Dank.
Kein Dummkopf nennt mich Freund, am Ziel
Der Reise tafl ich wenn ich will
Mit Landor und mit Donne.

In China oder Spanien lebt eine Königin,
Die wird zum Namenstage gelobt mit lautem Klang
Für ihre makellose Haut, ihr fein geschwungnes Kinn,
Als wäre sie das muntre Ding, das einst ein Schwan
besprang.
Ein Dutzend Herzoginnen gibts, nichts Schöneres ist
bekannt,
Ein Maler fand sich jedenfalls, der bot für Geld sich feil
Und tuschte Fleck und Fehler weg mit feinem
Kunstverstand,
Jung, kannt ich einen Phönix einst, gönn ihnen nun ihr Teil.

Die jungen Herren klatschten, wenn Gabys Auge lacht
Und Ruth St. Denis, feiner und doch nicht recht bekannt,
Seit neunzehnhundertneun und zehn war es Pavlovas Macht
Und eine in den Staaten rafft als Julia ihr Gewand
Und stürzt dann von der Bühne, wenn sie nun liebt als
Braut,
So glühend wie nur eine Frau und herrisches Kind derweil,
Dann gibt es – was verschlägt es, ob es sie schockweis gibt,
Jung, kannt ich einen Phönix einst, gönn ihnen nun ihr Teil.

Die Margrit und die Martha, Dorothea und Sophie,
Eine Daphne und Maria, die leben ganz allein,
DIE hatte Liebhaber genug, nur einen hatte DIE,
Die andre prahlt: Wer heikel ist, tuts nur mit zweien, drein.
Wenn Kopf und Glieder schön sind und der Spann sich
federnd hebt,
Soll sie, von mir aus, spannen ihr Segel oder Seil,
Ob sie nun Herzen bricht und ob als Lustmotor sich gibt,
Jung, kannt ich einen Phönix einst, gönn ihnen nun ihr Teil.

Die vielen, rohen Vielen wird es geben alle Zeit,
Wer weiß, ob jetzt nicht männerbetörende Schöne sind,
Die meiner Schönsten gleichen, meinem Herzen wär das
leid,
Doch sicher wär sie nicht ganz gleich, so einfach wie ein
Kind
Und dieser stolze Blick, als ob sie ins Sonnenfeuer säh,
Der ganze wohlgeformte Leib, ein jedes Gliedmaß heil,
Ich klage um dies Einsamste, doch Gottes Wille gescheh:
Jung, kannt ich einen Phönix einst, gönn ihnen nun ihr Teil.

In deinem Haar ist Grau.
Den jungen Männern stockt nicht mehr der Atem,
Wenn du vorbei gehst.
Doch segnet dich vielleicht ein Alter leise,
Weil er durch dein Gebet
Einmal genas, als er im Sterben lag.
Nur deinethalb – die aller Herzweh kannte
Und andern alles Herzweh gab,
Seit du als magres Mädchen antatst
Die Last der Schönheit – nur deinethalb
Wandte der Himmel ab den schweren Schlag,
So stark war ja sein Anteil an dem Frieden,
Der, tratst du nur herein, im Zimmer lag.

Wie schön du warst, kann uns nichts sein als nur
Verschwommene Erinnrung, nur Erinnrung.
Wenn alte Männer dann mit Reden aufhörn,
Dann sagt ein junger wohl: » Wer war sie denn,
Die uns der Dichter mit solch störrischem Feuer pries,
Der alt genug ist, kühles Blut zu haben.«

Verschwommene Erinnrung, nur Erinnrung,
Doch alles, alles wird wieder neu im Grab.
Die Sicherheit, daß ich sie sehen werde,
Wie sie sich anlehnt, steht oder vorbeigeht
Als junge Frau in ihrer ersten Schönheit
Und ich sie ansch mit den heißen Jugendaugen,
Macht, daß ich wie ein Schwachkopf stammle.

Du schöner doch als jede andre;
Und dennoch war ein Makel dir am Körper:
Nicht schön warn deine kleinen Hände.
Da fürchte ich, du wirst in dem geheimnisvollen
Und immervollen See hinlaufen, paddeln

Bis zum Handgelenk,
Wo alle, die dem heiligen Gesetz gehorchten,
Paddeln und ohne Makel sind. Laß unverändert
Die Hände, die ich küßte,
Um alter Zeiten willen, sei's gedenk.

Der letzte Schlag der Mitternacht verklingt.
Den ganzen Tag auf diesem Stuhl,
Hab ich von Traum zu Traum und Reim zu Reim
Mit einem Bild aus Luft dahingestammelt:
Verschwommene Erinnrung, nur Erinnrung.

EIN GEDANKE VON PROPERZ

Sie hätte, so edel vom Kopf
Zum wohlgeformten Knie
Der fließende Umriß,
Zum Altar gehen können
Durch die heiligen Bilder
Pallas Athene zur Seite
Oder als Beute getaugt dem Zentauren
Trunken vom ungemischten Wein.

DECIMAS LIED I

Ach wär ich ein alter Bettler
Und hätte keinen Freund,
Ein diebischer und blöder Hund
Schon von Geburt an blind.
Oder irgendwer, nur nicht ein Mann,
Der allein sein Bett eindrückt
Und denkt an eine schöne Frau,
Allein und ganz verrückt.

Welches Untier wünsch' ich mir?
Pasiphaë wählt' einen Stier,
Und Königin Leda fand den Mann
Aus heißer Lieb zu einem Schwan.
Drum gedreht, getanzt, gesungen,
Auch Königin Decima wird bezwungen.

Drum gedreht, getanzt, gesungen,
Auch Königin Decima wird bezwungen.

Springen, spreizen oder wie?
Nehm' ich Vogel oder Vieh?
Nenn' ich Feder oder Pelz
Des Einen, der mir dann gefällt?

Drum gedreht, getanzt, gesungen,
Auch Königin Decima wird bezwungen.

Keiner war, wenn Liebe trug,
Ein Vogel oder Vieh genug,
Jeder Vogel, Vieh voll Lust
Leg sein Haupt auf meine Brust.

Drum gedreht, getanzt, gesungen,
Auch Königin Decima wird bezwungen.

Ob gleich dem ziehenden Mond genährt
In der Schönheit Mörderbrut,
Schritt sie einher und stand vor mir,
Die Wangen voller Glut
Bis ich vermeint, es trüg ihr Leib
Ein Herz von Fleisch und Blut.

Doch seit die Hand ich drauf gelegt
Und fand ein Herz von Stein,
Hab ich versucht so mancherlei,
Nichts konnt' vollendet sein,
Denn toll ist jede Hand, die fährt
Auf eines Mondes Schein.

Ihr Lächeln, das verklärte mich,
Hat mich zum Narrn gekrönt,
Ich fasele jetzt nur vor mich hin,
Ganz des Verstands entwöhnt,
So wie der Himmel sternenleer,
Wenn ihn der Mond verschönt.

MENSCHENWÜRDE

Ja, ihre Güte gleicht dem Mond,
Wenn Güte wird genannt,
Was ohne alle Einsicht sich
An alle gleich gewandt,
Als wär mein Kummer nur ein Bild
Auf der gemalten Wand.

So lieg ich wie ein Stückchen Stein,
Ein Baum brach auf mir um.
Ich wär gerettet, wenn ich schrie
Mein Herz-Martyrium
Zum Vogel hin, doch bleibe ich
Vor Menschenwürde stumm.

DIE NIXE

Eine Nixe einen Schwimmer fand
Und wählt sich schnell den Knab,
Schmiegt' ihren Leib an seinen Leib
Lacht', zog ihn rasch hinab.
Vergaß vor hartem Liebesglück:
Selbst Liebende nimmt das Grab.

DER TOD DES HASEN

Wie Rüden belln, den Hasensprung
Ins Holz hab ich erklärt
Und bin nach einem Kompliment
So froh wie sich's gehört,
Wenn mich ihr keusch gesenkter Blick,
Ihr Wangenrot betört.

Dann klemmt sich plötzlich mir das Herz
Weil ihr Verwirrung droht,
Ich denk an Wildheit, die dahin
Und dann, entrückt vor Not,
Find ich mich dort im Holze stehn
Bei eines Hasen Tod.

DER LEERE BECHER

Ein Irrer einen Becher fand,
Als er vor Durst halb tot,
Wagt kaum den Mund zu netzen sich,
Denn, mondgeschlagen, ein Verbot
Denkt er sich aus: ein Mundvoll brächt
Dem schlagenden Herzen Tod.

Vergangnen Herbst fand ich ihn auch,
Doch trocken wie Gebein,
Und deshalb bin ich jetzt verrückt
Und schlafe nie mehr ein.

Wir saßen unterm Hagedorn
Bis uns die Nacht entrückt,
Erzählten, was gesagt, getan
Seit wir die Welt erblickt.
Und wußten, mit den Jahren wird
Die Seele zweigeteilt
Und fielen in die Arme uns,
Damit sie wieder heilt.
Der Peter sieht uns mördrisch an,
Denn unterm gleichen Baum
Da hatten, scheint es, sie getauscht
So manchen Kindertraum.
Was dann aus seinen Augen brach
Und welch ein Blühen hier.
Der Sommer, der gehörte uns,
Der ganze Frühling ihr!

SEINE WILDHEIT

O sag, ich soll hinauf und ziehn
Als Schiff am Wolkenhang,
Denn Peg und Meg und Helena –
Wie herrlich war ihr Gang –
Die sind dahin, und die verziehn
Vertauschten Sack und Samt.

Wär ich erst, wo mich keiner hört,
Ich schrie wie Pfauen schrein,
Wie schrie wohl sonst ein Mann, der lebt
Aus der Vergangenheit;
Doch ganz allein, stillt' ich den Stein
Und wieg' ihn aus der Zeit.

LIED DES MÄDCHENS

Ging allein vors Haus,
Ich singe so schön,
Mein Lied ist ein Strauß,
Ihr wißt ja, für wen.

Und wen sah ich dann?
Am Stock, und spitz die Knie
Kam einer – auch ein Mann,
So weinte ich nie.

Und das ist nun mein Lied,
Bedenk ich es kalt:
Sah ich einen Alten jung?
Einen jungen Mann alt?

NACH LANGEM SCHWEIGEN

Nach langem Schweigen reden. Es ist gut,
Da unsre Liebsten tot sind und getrennt,
Mißgünstiges Lampenlicht verschattet brennt,
Mißgünstige Nacht fern hinterm Vorhang ruht,
Daß wir so wortreich sind und wieder sind
Mit höchstem Inhalt: Lied und Kunstübung:
Der alterslahme Leib ist Weisheit – jung
War Liebe unser und wir waren blind.

EH NOCH DIE WELT BEGANN

Wenn ich die Wimpern schwärzer
Und die Augen glänzender mache
Und die Lippen scharlachrot
Oder mich fragend anlache
Von Spiegel zu Spiegel,
Nicht Eitelkeit ists dann:
Ich suche mein Gesicht, das war,
Eh noch die Welt begann.

Und blick ich auch auf einen Mann,
Als seis mit Liebesblick,
Wenn ich doch kalten Blutes bin
Und mein Herz unbewegt,
Was hält er mich dann für grausam
Und daß ich betrügen kann?
Ich will, daß er etwas liebt, das war,
Eh noch die Welt begann.

Ein verliebter Rüpel hält
Seine Weisheit für die Welt,
Was kümmert sich die Liebe drum?
Das ganze Dorf soll staunend stehn,
Als säh man dort Pythagoras gehn.
Krone aus Gold und Dung vom Schwein.

Wenn der alte Pythagoras sich verliebt,
Was es da wohl zu prahlen gibt?
Was kümmert sich die Liebe drum?
Gar nicht ernsthaft geht die Zeit,
O und voller Süßigkeit!
Krone aus Gold oder Dung vom Schwein.

Mach dein Glitzerauge weit,
Das dem Rüpel Weisheit zeigt.
Was kümmert sich die Liebe drum?
Eine Schule gründ geschwind,
Dank Gott, daß wir Narren sind.
Krone von Gold oder Dung vom Schwein.

DIE DREI BÜSCHE

(Eine Begebenheit aus der »Historia mei temporis«
des Abbé Michel de Bourdeille)

Die Herrin sprach zum Liebenden:
»Kann man der Liebe traun,
Die nicht die rechte Nahrung gibt?
Wär deine Lieb entflohn,
Sängst du nie mehr dein Liebeslied.
Mich träf die Schuld daran.
　　　　　O Lieber, mein Lieber.

»Doch zünde nicht die Kerzen an,«
Die schöne Herrin sprach,
Damit ich auf Schlag Mitternacht
Ins Bett dir schlüpf gemach,
Denn säh ich mich selbst schlüpfen ein,
Ich stürbe gleich danach.«
　　　　　O Lieber, mein Lieber.

»Ich liebe heimlich einen Mann,
Hör, Zofe,« sagte sie.
»Ich weiß, ich stürbe sicherlich,
Wenn er mich nicht mehr liebt.
Und stürbe auch, was könnt ich tun,
Wenn ich nicht keusch verblieb.
　　　　　O Lieber, mein Lieber.

Drum lege du dich neben ihn,
Er glaubt dann, daß ichs bin.
Vielleicht sind wir ja alle gleich,
Wenn keine Kerze glimmt
Und vielleicht sind wir alle gleich,
Wenn wir das Kleid ausziehn.«
　　　　　O Lieber, mein Lieber.

Kein Hund schlug an, nur Mitternacht schlug,
Sie sprach beim Glockenschlag:
»Das hab ich mir fein ausgedacht,
Wie froh mein Liebster lag«
Und seufzte doch, denn die Zofe schien
So matt den ganzen Tag.
            O Lieber, mein Lieber.

»Nein, jetzt kein Lied mehr,« sagte er,
Denn meine Herrin kam
Vor einem Jahr zum erstenmal
Um Mitternacht in meinen Arm,
Da muß ich auf dem Laken sein
Beim ersten Glockenschlag.
              O Lieber, mein Lieber.

»Es lacht, es weint und ist auch fromm,
Lied eines Wüstlings,« sagte man.
Hat man je solch ein Lied gehört?
Nein, den Tag wars das erstemal.
Ritt je ein Mann so scharfen Ritt?
Nein, keiner bis zu diesem Tag.
              O Lieber, mein Lieber.

Doch als sein Pferd mit seinem Huf
In einen Fuchsbau trat,
Fiel er kopfüber und war tot,
Die Herrin sah's mit an
Und fiel auch hin und starb, denn sie
Liebt' ihn mit Seelenkraft.
              O Lieber, mein Lieber.

Die Zofe lebte lang und trug
Um ihre Gräber Sorg
Und pflanzte dort zwei Büsche hin,
Die wuchsen Zweig an Zweig,
Als sei's aus einer Wurzel nur,
Die gleiche Rosen trug.
          O Lieber, mein Lieber.

Als sie dann, alt, am Sterben war,
Kam hin ein Gottesmann,
Sie legte eine Beichte ab,
Er sah sie lange an.
Und, oh, er war ein guter Mensch,
Verstand, was sie getan.
          O Lieber, mein Lieber.

Er sagte: »Diese hier begrabt
Zur Seite ihrer Herrin Mann,
Pflanzt einen Rosenbusch aufs Grab,
Kein Lebender mehr kann,
Wenn er sich da eine Rose pflückt,
Wissen, wo sie begann.«
          O Lieber, mein Lieber.

Ich geh in Kreisen
Wie auf dem Jahrmarkt ein Tier,
Weiß nicht, wo ich hin soll,
So fremd bin ich mir.
Meine Sprache gehämmert
In einen einzigen Namen;
Ich liebe wen
Und trage drum Scham.
Was mir die Seele verletzt,
Danach muß sie gieren.
Nicht besser als ein Tier
Auf allen vieren.

Was für ein Mann wird kommen
Und zwischen den Knien dir sein?
Was tuts, wir sind nur Frauen.
Wasch dich, den Körper mach fein.
Im Schrank hab ich Rosenblätter,
Aufs Laken streu ich sie ein.
        Der Herr sei uns gnädig.

Er soll meine Seele lieben,
Als gäbs den Körper nicht,
Er soll deinen Körper lieben,
Ganz frei von Seelenpflicht,
Die Liebe ihr Doppelbild füttern,
Die doch nicht in Teile zerbricht.
        Der Herr sei uns gnädig.

Seele muß Liebe lernen
Nach meines Innren Gebühr,
Glieder die Liebe im Einklang
Mit jedem noblen Tier,
Wenn Seele blickt und Körper fühlt,
Was ist gesegnet mehr?
        Der Herr sei uns gnädig.

DRITTES LIED DER HERRIN

Wenn dir nun zwischen deinen Knien
Mein Liebster spielt die Melodien,
Verleumde nicht die Seele,
Als ob nur Körper zähle,
Denn ich, die Herrin ihm bei Tag,
Führ gegen Körper schlimmre Klag.
In Ehren teile, wie ichs riet,
Daß beiden und keiner genug geschieht,
Damit ich höre, küßt er mich,
Den Kontrapunkt im Schlangenzisch
Und du, wird seine Hand so dreist,
Den Seufzer, wenn der Himmel kreißt.

LIEBHABERS LIED

Vogel seufzt nach der Luft,
Gedanke nach etwas was ruft,
Der Samen seufzt nach dem Schoß.
Sich nieder auf Geist, auf Nest,
Dieselbe Ruhe nun läßt
Auf Schenkel und Stoß.

ERSTES LIED DER ZOFE

Wie kommt ohne Hemde
Dieser her, der hier ruht,
Fremder und Fremde,
Auf meiner Brust ohne Glut?
Wonach kann ich noch seufzen,
Fremde Nacht kam zu mir.
Gottes Liebe verbarg ihn,
Es droht ihm kein Sturm,
Die Wollust entließ ihn
Schwach wie ein Wurm.

ANDRES LIED DER ZOFE

Von den Freuden im Bett
Stumpf wie ein Wurm,
Seine Rute, die nicht steht,
Schlaff wie ein Wurm,
Sein Geist, der entflieht,
Blind wie ein Wurm.

Schöne erhabene Dinge: O'Learys edles Haupt.
Mein Vater auf der Abbey-Bühne vor einer wütenden Schar:
»Dies Land von Heiligen« und als der Beifall verebbte,
»Von Gipsheiligen« und warf boshaft den schönen Kopf
                                      zurück.
Standish O'Grady, der sich auf die Tischplatten stützt
Und den betrunknen Zuhörern hochfliegenden Unsinn
                                 vorspricht.
Augusta Gregory an ihrem großen Ormolutisch
Vor ihrem achtzigsten Winter: »Gestern drohte er mir mit
                                   dem Tod.
Ich sagte ihm, daß ich jede Nacht von sechs bis sieben an
                            diesem Tisch säße
Mit offnen Jalousien«. Maud Gonne im Bahnhof einen Zug
                                erwartend,
Pallas Athene mit gradem Rücken und anmaßlichem Haupt:
All die Olympier, ein Ding, was keiner mehr kennt.

Indisches Liebeslied S. 7, 1886 geschrieben.

Zu einer Insel im Wasser S. 8, 1889 erschienen.

Die Rose der Welt S. 9, 1892, für Maud Gonne. Die erste Strophe spielt auf Frauengestalten an, die Yeats oft mit Maud Gonne identifizierte: Helena und Deirdre, für die, der irischen Sage nach, »Usnas Söhne« starben.

Das Erbarmen der Liebe S. 10, 1892, für Maud Gonne.

Trübsal der Liebe S. 11, 1891, für Maud Gonne. Z. 5 eine Anspielung auf Helena und zugleich Maud Gonnes Schönheit.

Wenn du alt bist S. 12, 1891, für Maud Gonne, eine Umformung des bekannten Gedichts von Ronsard »Quand tu seras très vieille«.

Der Liebende spricht von der Rose in seinem Herzen S. 13, 1892 erschienen. Z. 4 Maud Gonnes Bild.

Er macht dem Brachhuhn Vorwürfe S. 14, 1896 erschienen. Z. 6 der Wind ist hier ein Symbol für unbestimmte Hoffnungen. Für »Diana Vernon« (Olivia Shakespear).

Ein Dichter an seine Geliebte S. 14, 1895, für »Diana Vernon«.

Er gibt seiner Liebsten gewisse Reime S. 15, 1895, für Olivia Shakespear.

Die Schellenkappe S. 16, Yeats schrieb 1899 dazu: »Diese Geschichte habe ich genau so geträumt, wie ich sie niedergeschrieben habe und träumte danach einen andern langen Traum, in dem ich den Sinn des vorhergehenden zu ergründen trachtete und ob ich ihn in Prosa oder Versen schreiben sollte. Der erste Traum war eher eine Vision als ein Traum, denn er war schön und zusammenhängend und gab mir ein Gefühl der Erleuchtung und Verzückung, wie man es von Visionen erfährt, während der zweite Traum verwirrt und sinnlos war. Das Gedicht hat mir immer sehr viel bedeutet, obgleich es, wie es eben symbolische Gedichte an sich haben, nicht immer dasselbe bedeutet hat. Blake hätte gesagt: »Die Verfasser sind in der Ewigkeit«, und ich bin ganz sicher, daß man sie nur im Traum befragen kann.

Der Liebende spricht zu denen, die in kommenden Tagen ... S. 18, 1895, Z. 6 der Seelen Fürsprech ist die Jungfrau Maria.

Er wünscht sich die Tücher des Himmels S. 19, für Olivia Shakespear. Yeats sagte, *Die Schellenkappe* spräche darüber, wie man »eine Dame gewinnen könne« und dieses Gedicht darüber, »wie man eine Dame verlieren könne«.

O liebe nicht zu lang S. 20, 1905, Z. 8 bezieht sich auf seine Freundschaft mit Maud Gonne.

Die einst Homer besang S. 22, 1910. Für Maud Gonne.

Worte S. 23, Ende 1908, s. die erste Version in Prosa im Tagebuch. Maud Gonne warf ihm immer vor, daß er seine Gedichte nicht für die nationalistische Propaganda schrieb.

Kein zweites Troja S. 24, 1908. Für Maud Gonne. Z. 4 Die Sinn-Fein-Bewegung entstand aus vielen kleinen halbliterarischen, halbpolitischen Vereinen. Z. 8 der gespannte Bogen ist bei Blake ein Sexualsymbol. Z. 12 es gibt nur eine Helena, wie es nur eine Maud Gonne gibt. Aber da Troja schon zerstört wurde, ist eine Wiederholung des Unvergleichbaren nicht mehr möglich.

Versöhnung S. 24, 1908. Für Maud Gonne. Z. 3 spielt auf den Tag an, da Yeats unmittelbar vor einer öffentlichen Lesung in Dublin erfuhr, daß Maud Gonne John MacBride geheiratet hatte.

Yeats' Syntax scheint hier nicht ganz in Ordnung zu sein, denn »die Ohren taub, vom Blitz geblendet« bezieht sich doch sicher auf Yeats selbst (der dann seine Lesung hielt, ohne zu wissen, was er sprach), nicht auf Maud Gonne. Z. 6 wohl eine Anspielung auf die Theaterstücke (*The King's Threshold* und *On Baile's Strand*), die er schrieb.

Friede S. 25, 1910. Für Maud Gonne. Z. 3 ob der »Held« ironisch zu verstehen ist? Denn weder war Paris ein Held, noch möchte man glauben, daß Yeats John MacBride für einen hält, obwohl dieser im Burenkrieg auf Seiten der Buren gekämpft hatte.

Alles kann mich verlocken S. 25, 1908. Z. 2 bezieht sich auf Maud Gonne.

Gefallene Hoheit S. 27, 1912. Z. 1 Maud Gonne als öffentliche Rednerin. Z. 2 eine Anspielung auf die Bewunderung der alten Männer für Helena. Z. 6 der Sinn ist: wenn Maud Gonne sich einmal aus dem öffentlichen Leben zurückgezogen haben wird, dann wird sie, so wie Helena nur durch Homer weiterlebt, nur durch Yeats weiterleben.

Eine Jugenderinnerung S. 28, 1912. Auf Maud Gonne.

Daß endlich käm die Nacht S. 29, 1912. Maud Gonnes Leben.

Das Schlüsselbein eines Hasen S. 30, 1916. Es gibt ein irisches Märchen, wo ein junger Bauer einen Hasenknochen findet mit einem Loch drin. Wie er hindurch sieht, glaubt er einen goldenen Schatz zu erblicken, den er dann später nicht wiederfindet. Yeats ist einundfünfzig Jahre alt, und seine Freundinnen Lady Gregory und Olivia Shakespear rieten ihm, sich zu verheiraten. Er aber schreckt vor der Bindung zurück.

Lebendige Schönheit S. 31, 1917. Die lebendige Schönheit ist Iseult Gonne, die nun zweiundzwanzig Jahre alte Tochter von Maud Gonne. Yeats machte ihr 1917 noch einmal einen Heiratsantrag und wurde endgültig auch von der Tochter abgewiesen. Im selben Jahr heiratet dann Yeats George Hyde-Lees.

An eine junge Schöne S. 33, 1918. An Iseult Gonne gerichtet, die in den Bohème-Kreisen von Dublin verkehrte. Jacques Firmin Beauvarlet (1731–97) war ein modischer, oberflächlicher Maler und steht hier wohl nur des Klanges wegen. Yeats hätte ebensogut einen anderen mittelmäßigen Künstler als Beispiel nehmen können. Walter Savage Landor und John Donne, der romantische und der »metaphysische« Dichter als verehrte Lebensgefährten. Z. 14 wohl eine Anspielung auf seine Frondienste für die Schönheit Maud Gonnes.

Sein Phönix S. 34, 1915. Maud Gonne ist sein Phönix. Das
»muntre Ding« ist Leda. Gaby Deslys war eine französische
Schauspielerin, Ruth St. Denis eine amerikanische Tänzerin,
Olga Pavlova die berühmte russische Tänzerin. Yeats hatte
Julia Marlowe in Amerika die Julia spielen sehen. Z. 29
Maud Gonnes »stolzer Blick« spielt auf den Mythos an, nach
dem nur der Adler in die Sonne blicken kann, ohne zu blin-
zeln.

Traumfetzen S. 36, 1915. An Maud Gonne. Z. 18 »der Dich-
ter« ist er selbst, er ist »alt genug«, nämlich fünfzig.

Ein Gedanke von Properz S. 38, 1915. Im 2. Gedicht des
zweiten Buchs von Properz steht ein Gedicht, das für diese
Bilder wohl die Grundlage war. Yeats hat Maud Gonne
öfter mit Pallas Athene verglichen, vgl. auch Schöne erha-
bene Dinge, das letzte Gedicht dieser Auswahl.

Erste Liebe S. 40, der Zyklus *Ein Mann jung und alt* entstand
1926 und 1927. Umdichtungen eigener Lebenserfahrungen.
Der junge Liebende und dann der alte Mann, der zurück-
blickt, werden beschrieben. Das erste ist Y.'s Liebe zu Maud
Gonne, ebenso wie das folgende *Menschenwürde* S. 41.

Die Nixe S. 41, bezieht sich auf seine kurze Liebesgeschichte
mit Olivia Shakespear.

Der Tod des Hasen S. 42, wird von Jeffares auf Iseult Gonne
bezogen. Sie wäre der Hase und des Hasen Tod wohl ihre
Heirat mit Francis Stuart.

Der leere Becher S. 42, bezieht sich auf Olivia Shakespear.
Der »Irre« ist Yeats selbst, zurückblickend. In einem Brief
an Olivia Shakespear schrieb er im Dezember 1926: »Man
blickt auf seine Jugend zurück wie zu einem Becher, den ein
Irrer, der halb verdurstet ist, nur halbgetrunken zurück-
läßt.« Z. 4 »mondgeschlagen«, weil seine Liebesbeziehung zu
ihr nur ein Jahr dauerte.

Seine Wildheit S. 44, Z. 4 Maud Gonnes Gang.

Lied des Mädchens, S. 44, 1929.

Nach langem Schweigen S. 45, 1929, Für Olivia Shakespear.

Eh noch die Welt begann S. 45, 1928. Die Frau sucht nach

ihrem Urgesicht im Sinne von Platos Ideenlehre.

Krone aus Gold oder Dung vom Schwein S. 46, aus dem Schauspiel *Ein voller Mond im März* (1934). Das Motiv, das die Liebe mit den Genitalregionen in ihrer doppelten Funktion verknüpft, kommt öfter bei Yeats vor, vor allem in dem Gedicht (Werke I, S. 221):

DIE TOLLE HANNE SPRICHT MIT DEM BISCHOF

Ich traf den Bischof auf dem Weg,
Wir sprachen viel diesmal.
»Die Brüste hängen dir nun schlaff,
In deinem Blut Verfall.
Such Wohnung dir im himmlischen Haus,
Nicht mehr im Schweinestall.«

»Schön und Schwein sind nahverwandt
Und Schön braucht Schwein«, rief ich.
»Meine Freunde sind hin, nicht Bett noch Grab
Leugnen das sicherlich.
Mein Leib erfährt in Niedrigkeit,
Mein Herz voll Stolz Verzicht.

Eine Frau kann steif und stolz sein,
Wenn sie nach Liebe rennt,
Doch Liebe hat ihr Haus gebaut
Am Ort von Exkrement,
Denn nichts kann eins und alles sein,
Ein Riß hat es getrennt.«

Die drei Büsche S. 47–49, 1936. Dies und die sechs folgenden Gedichte sind ein zyklischer Vers-Roman. Er entstand im Wettdichten mit Dorothy Wellesley. Die angegebene Quelle ist fiktiv. Durch die Liebesteilung zwischen Herrin und Zofe, also Seele und Leib, wird die Zweiheit von geistiger und geschlechtlicher Liebe wieder zur Einheit umgeschaffen.

Drittes Lied der Herrin S. 52, Z. 10 der »Kontrapunkt im Schlangenzisch« ist ein Symbol des Sündenfalls und daher des Geschlechtsaktes; Kontrapunkt bezeichnet den Gegensatz von Körper und Seele, also das Thema für die ganze Ballade.

Liebhabers Lied S. 52, nach einem geheimnisvollen Bild von Fragonard »Der Becher des Lebens«, auf dem »ein schöner Jüngling und ein Mädchen mit gierigen Lippen einem Kelch entgegenlaufen, den ein geflügeltes Wesen ihnen entgegenhält« (Yeats an Dorothy Wellesley). Also der doppelte Durst des jungen Mannes, nach oben zum Idealen und nach unten, seinem Geschlechtsteil zu, das von einem Flügel des Wesens gestreift wird.

Schöne erhabene Dinge S. 54, 1937? Eines der letzten Gedichte.

I

Ich war dreiundzwanzig Jahre alt, als die Verwirrung meines Lebens begann (also 1887). In Briefen von Miss O'Leary, der älteren Schwester von John O'Leary [1] hatte ich von Zeit zu Zeit von einem schönen Mädchen gehört, das die Hofgesellschaft des Vizekönigs der nationalen Frage wegen verlassen hätte. In späteren Jahren redete ich mir ein, daß ich eine ahnungsvolle Erregung beim ersten Lesen ihres Namens empfunden hätte [2]. Bald darauf fuhr sie bei uns in Bedford Park vor, mit einem Empfehlungsbrief von John O'Leary an meinen Vater. Ich hätte nie geglaubt, so große Schönheit bei einer lebenden Frau zu sehen. Diese Schönheit gehörte den berühmten Bildern an, der Dichtung, irgendeiner legendären Vergangenheit. Eine Haut wie Apfelblüten, und Gesicht und Körper hatten die Schönheit, die Blake die höchste nennt, weil sie sich von Jugend bis Alter am wenigsten wandelt; und dabei eine Gestalt so groß, daß sie einer göttlichen Rasse anzugehören schien. Ihre Bewegungen waren im Einklang mit dieser Form, und endlich verstand ich, warum ein antiker Dichter, wenn er eine Frau liebt, da, wo wir nur von Gesicht und Formen sprechen, singt, daß sie wie eine Göttin einherschreitet. Ich erinnere mich an nichts von dem, was sie an jenem Tage sagte, außer daß sie meinen Vater mit einem Lob auf den Krieg ärgerte, denn sie gehörte auch zur romantischen Bewegung und fand die unentrinnbaren viktorianischen Vernunftsgründe ein bißchen grau. Nun, da ich zurückblicke, scheint mir, daß sie damals – denn zu der Zeit sah ich nur, was an der Oberfläche lag – den Mittelton in mein Leben brachte, einen Klang wie von einem birmanischen Gong, einen überwältigenden Aufruhr, der noch viele angenehme Nebentöne hatte.

Sie lud mich an jenem Abend in ihre Wohnung in der Ebury Street ein, und ich glaube, ich aß beinahe jeden Abend mit ihr an den etwa neun Tagen ihres Londoner Aufenthalts, und sie hatte etwas so Überschwängliches an sich, daß es natürlich schien, daß sie ihre Zeit in überbordender Verschwendung hergab. Sie hatte durch O'Leary von mir gehört; er hatte lobend von mir gesprochen, und so war es natürlich, daß sie ohne Kargheit gab und nahm. Sie lebte inmitten von Käfigen mit unzähligen Singvögeln, und mit diesen reiste sie anscheinend immer und nahm sie selbst auf kurze Reisen mit. Jetzt kehrten sie mit ihr nach Paris zurück, wo sie zuhause waren.

Sie sprach den Wunsch nach einem Stück aus, das sie in Dublin spielen könnte. (...) Ich erzählte ihr von einer Geschichte, auf die ich gestoßen war, als ich meine *Volksmärchen und Geschichten der irischen Bauern* zusammenstellte und bot ihr an, für sie das Stück zu schreiben, das ich dann *Gräfin Cathleen* nannte. [3] War es mir wohl wirklich ernst, als ich ihr sagte, ich wollte der irische Victor Hugo werden? Ein Band mit schlechten Versübertragungen von Hugo war zwar in meiner Schulzeit mein ständiger Begleiter gewesen, aber ich hatte angefangen, mich mit großer Anstrengung zu vereinfachen. Auf ihrem Tisch hatte ich *Tristram of Lyonesse* (von Swinburne) und *Les Contemplations* (von Hugo) liegen sehen, und außerdem war es natürlich, mich dadurch zu empfehlen, daß ich ein sehr öffentliches Talent für mich in Anspruch nahm, denn ihre Schönheit, so sah ich sie in jenen Tagen, schien mir unvereinbar zu sein mit dem privaten, intimen Leben.

Wie ich selber hatte sie die politische Tradition von Davis geerbt [4] mit einem zusätzlichen Zug von Härte und Heroismus aus der Hand O'Learys, und als ich von William O'Brian sprach [5], der im Gefängnis saß und einen fortgesetzten Kampf dagegen führte, Gefängniskleider anzulegen, sagte sie: »Es gab einmal eine Zeit, da die Männer ihr Leben für ihr Vaterland gaben, aber jetzt opfern sie ihre Würde.« Aber in dieses Gefühl für das, was unwandelbar zum menschlichen Leben gehört, mischte sich etwas Deklamato-

Maud Gonne

risches, Lateinisches im schlechten Sinn und vielleicht sogar etwas Skrupelloses mit ein. Sie sprach von ihrem Drang nach Macht, anscheinend um ihrer selbst willen, und wenn wir über Politik redeten, sprach sie meist einzig von Wirksamkeit oder einfach darüber, wie man diese oder jene Wahl gewinnen könnte. Ihre zweiundzwanzig Jahre waren, so glaubte ich, etwas eingefärbt von den französischen Boulangisten, Abenteurern und journalistischen Strebern, mit denen sie zuviel umgegangen war, und sie hatte schon eine politische Reise nach Rußland in deren Interesse unternommen. (...) Sie verstand ihre Zwecke als selbstlos, aber sie hielt fast jedes Mittel für gerechtfertigt, um sie zu verwirklichen. Wir suchten verschiedene Dinge: sie irgendeine denkwürdige Tat als abschließende Weihe für ihre Jugend und ich eigentlich nichts anderes als einen Seinszustand zu entdecken und ihn anderen mitzuteilen. Vielleicht wäre es selbst in der Politik am Ende genug, leidenschaftlich gelebt und gedacht zu haben und, wie O'Leary, einen Kopf einer römischen Münze würdig zu haben. [6]

Ich sprach viel von meiner Geistesphilosophie. Wie wichtig mir das alles schien; was hätte ich nicht darum gegeben, daß sie über all diese großen Tagesfragen ganz richtig dächte. Alles aber verblaßt mir neben jenem Augenblick, als sie vor einem Fenster vorbeiging, weißgekleidet, und einen Blumenstrauß in einer Vase anders zusammenstellte. Zwölf Jahre später hab ich diesen Eindruck in Versen ausgedrückt:
Blütenblaß zog sie die blasse Blüte nieder
Zur Nachtfalterstunde und barg sie an ihrem Herzen. [7]

Ich fühlte mich als Zeuge einer großzügigen Bereitschaft und Beherztheit und eines friedlosen Gemüts, und als sie und ihre vielen Singvögel gegangen waren, war meine Melancholie nicht nur die Melancholie der Liebe. Ich hatte was ich für eine hellseherische Wahrnehmung nahm, was aber, wie ich jetzt sehe, nur eine naheliegende Schlußfolgerung auf ein unmittelbar bevorstehendes Unglück war. (...)

Ich war verliebt, hatte aber nicht von Liebe gesprochen und wollte nie von Liebe sprechen, und als die Monate dahinzogen, wurde ich wieder Herr meiner selbst. »Was für eine Ehefrau könnte sie sein«, dachte ich, »Welchen Anteil könnte sie am Leben eines Studenten haben?« (...)

II

Maud Gonne war bei der feierlichen Eröffnung der neuen Stadt gewesen. [8] »Sie ist keine Schülerin von mir«, sagte O'Leary, »sie kam nur, um ihre neuen Hüte zu zeigen.« Jemand anderer erzählte herum, sie ginge zum Parnell-Komitee wie eine sentimentale englische Sympathisantin, in einem grünen Kleid ganz mit Kleeblättern bedeckt. [9] Jemand anderer, ein Unionist, hatte eine andere Geschichte, nicht weniger erfunden, wie ich zu meinem Zorn entdeckte, daß sie auf eine Otterjagd in einem Musselinkleid gegangen sei, das schon bald ganz mit Schlamm bedeckt gewesen sei. (...)

III

Ein paar Monate später (im Juli 1891) war ich wieder in Irland und hörte, sie sei in Dublin. Ich besuchte sie und wartete in einem kleinen Hotel in der Nassau Street, das es nicht mehr gibt, in einem Zimmer, das auf den College Park hinausblickte. Beim ersten Anblick, als sie durch die Türöffnung trat, schien ihre große Gestalt diese ganz zu füllen. Ich war ganz überwältigt von Gefühlen, einem Taumel von Mitleid. Sie schien gar keine Schönheit zu haben, ihr Gesicht war abgemagert, man sah die Knochen, und ihre Art war leblos. Wie unser Gespräch vertraulich wurde, deutete sie irgendein Unglück, eine Enttäuschung an. Die alte harte Resonanz war weg, und sie war sanft und träge geworden. Ich war wieder verliebt und wollte nicht länger dagegen ankämpfen. Ich dachte nicht mehr, was für eine Ehefrau diese Frau abgeben würde, sondern an ihr Bedürfnis nach Schutz und Ruhe.

Dennoch verließ ich Dublin am nächsten Tag, um irgendwo in Orange Ulster zu bleiben mit dem hochgescheiten Studenten meiner alten Dubliner Schule, Charles Johnston, und verbrachte mit ihm und seinem älteren Bruder eine Woche oder zehn Tage, in denen wir Feuerballons verfertigten. Wir machten Feuerballons aus Seidenpapier und liefen dann übers Land hinter ihnen her, wobei unsere Jagd immer länger wurde, da wir immer geschickter in der Herstellung wurden. Ich war, so scheint es, nicht – nicht vollständig – gefangen. Doch bald kam ein Brief von ihr, der ihre Traurigkeit etwas erwähnte und der einen Traum aus ihrem vergangenen Leben erzählte. Sie und ich waren Bruder und Schwester gewesen, irgendwo am Rande der arabischen Wüste, und waren zusammen in die Sklaverei verkauft worden. Sie hatte den Eindruck wie von einer langen Reise und meilenweiten Sandwüsten. Ich fuhr sofort nach Dublin zurück, und am selben Abend, nur ein paar Minuten nach unserm Wiedersehen, bat ich sie, mich zu heiraten. Ich erinnere mich an eine merkwürdige Sache. Ich war mit dem Vorsatz ins Zimmer getreten und hatte sie und ihre Schönheit kaum beachtet. Ich saß da, hielt ihre Hand und sprach leidenschaftlich. Eine zeitlang nahm sie ihre Hand nicht weg. Ich hörte auf zu sprechen, und bald darauf, als ich ganz schweigsam dasaß, fühlte ich ihre Nähe und ihre Schönheit. Ich wußte sofort, daß meine Selbstsicherheit weg war, und einen Augenblick später zog sie ihre Hand zurück. Nein, sie konnte mich nicht heiraten – es gäbe viele Gründe – sie würde nie heiraten; aber sie bat mich um meine Freundschaft mit Worten, die nicht konventionell klangen. Wir verbrachten die nächsten Tage auf den Klippenpfaden von Howth und aßen in einem kleinen Haus bei Baily Lighthouse zu Abend, wo ihre alte Kinderfrau wohnte, und ich hörte, wie diese fragte, ob wir verlobt seien. Am Ende des Tages fand ich, daß ich zehn Schillinge ausgegeben hatte, was mir eine sehr große Summe schien.

Ich sah sie Tag für Tag. Ich las ihr meine unvollendete *Gräfin Cathleen* vor, und ich bemerkte, daß eine Stelle sie berührte:

Und manche (verkaufen ihre Seele), weil Vergnügen darin liegt,

Der Hoffnung und der Freude zu entsagen,
Von allem Widerstande abzulassen.

Da dachte ich, sie ist bedrückt durch den Sinn für Verant-
wortlichkeit sich selbst gegenüber. Ich sagte ihr, nachdem
ich sie in London getroffen hätte, hätte ich die Geschichte
einer Frau, die ihre Seele verkauft, um Essen für ein verhun-
gerndes Volk zu kaufen, als ein Symbol begreifen gelernt für
alle Seelen, die ihren Frieden verlieren oder ihre Feinheit
oder jegliche Schönheit des Geistes durch politische Arbeit,
und vor allem für *ihre* Seele, die so unfähig zur Ruhe sei. Im
Augenblick hatte sie keine politische Arbeit, noch den Plan
für eine, und wir sahen einander ständig. Plötzlich wurde sie
nach Frankreich zurückgerufen, und sie sagte mir im Ver-
trauen, daß sie einer geheimen politischen Gesellschaft bei-
getreten sei, und daß sie jetzt sich diesem ersten bestimmten
Befehl nicht ungehorsam zeigen dürfe, obgleich sie inzwi-
schen die Mitglieder der Gesellschaft als Opportunisten und
Abenteurer erkannt habe. Ich blieb in Irland, wahrschein-
lich in Sligo bei meinem Onkel Pollexfen, und schrieb die
Gräfin Cathleen zu Ende, die ganz zum symbolischen Lied
meines Mitleids geworden war. Dann kam ein Brief voll
wilder Trauer. Sie hatte vor drei Jahren ein kleines Kind
adoptiert, so sagte sie, und nun war das Kind gestorben.
[10] In ihren verwirrten Kummer mischten sich Berichte
von dem Totenvogel, der an dem Tage ans Fenster des
Kinderzimmers gepickt hatte, als es krank wurde, und wie
sie beim Anblick des Vogels lauter Ärzte gerufen hatte.

IV
Sie fuhr auf demselben Schiff wie Parnells Leichnam nach
Irland zurück [11] und kam etwas nach sechs Uhr morgens
in Kingstown an. Ich holte sie am Landungssteg ab und ging
mit ihr in ein Hotel, wo wir frühstückten. Sie trug über-
trieben tiefe Trauer, für Parnell, wie man glaubte, und man
hielt sie für sehr theatralisch. Wir sprachen über den Tod des

Kindes. Sie hatte auf eigene Kosten eine Gedächtniskapelle bauen lassen. »Was kümmerte sie jetzt Geld?« Von anderer Seite hörte ich später, daß sie den Leichnam einbalsamieren ließ. An jenem Tag und später beschrieb sie immer alle Einzelheiten des Todes – es erleichterte sie, darüber zu sprechen. Sie war deutlich sehr krank. In den ersten Tagen ihres großen Schmerzes hatte sie die Fähigkeit verloren, französisch zu sprechen, das sie fast so gut wie englisch konnte, und sie hatte sich angewöhnt, Chloroform zum Einschlafen zu nehmen, was sie sich später unter großen Schwierigkeiten wieder abgewöhnte. Wir waren ständig zusammen; meine Geistesphilosophie war ihr sichtlich ein großer Trost. Wir sprachen vom Zustand des Todes, und es war deutlich, daß sie dabei an die Seele ihrer »Georgette« dachte.

Eines Abends kam ein Freund dazu, den ich auf der Kunstakademie kennengelernt hatte. Es war George Russell (der irische Dichter AE). (...) Er hatte viele Visionen gehabt, und einige hatten Nachrichten über Tatsachen enthalten, die sich später bewahrheiteten; aber obgleich seine eigenen persönlichen Offenbarungen oft original und sehr bemerkenswert waren, folgte er in der Hauptsache den Erkenntnissen der Theosophie. Er sprach von Wiedergeburt, und Maud Gonne fragte ihn: wie bald ein Kind wiedergeboren würde und, wenn wiedergeboren, wo. Er sagte: »Es kann in derselben Familie wiedergeboren werden.« Ich bemerkte, daß Maud Gonne tief beeindruckt war, und ich hielt mich mit meiner skeptischeren Intelligenz zurück, wie ich es so oft getan habe in ihrer Gegenwart. Ich erinnere mich an meine Gewissensbisse. Müßte ich nicht sagen: »Die ganze Lehre von der Seelenwanderung ist reine Hypothese. Sie ist die plausibelste Erklärung für die Welt, aber können wir mehr sagen als das?« oder etwas dergleichen.

Ich hatte mich bereits zu etwas entschlossen, was nicht nach Skepsis aussieht: sie erzählte mir nun von der Erscheinung einer Frau, die grau gekleidet war, mit einem grauen Schleier, der den unteren Teil ihres Gesichts bedeckte, die ihr in ihrer Kindheit erschienen war. Wenn man verliebt ist, ist man vielleicht nicht ganz normal oder vielleicht kann man, in plötzlicher Eingebung, hinter den Vorhang spähen.

Yeats, nach einer Zeichnung (1903) von AE (George Russell)

Ich entschloß mich, diese Frau mit einem Willensakt sichtbar zu machen. Ich hatte die Überzeugung gewonnen, daß sie ein böser Geist sei, der unsichtbar das Gemüt Maud Gonnes verwirrte, ihre Zuneigungen schwächte und einen Willen nach Macht und aufregenden Ereignissen hervorbrachte. Aber wenn der Geist sichtbar würde, würde er sprechen, würde seine Versuchung in Worte fassen, und sie würde ihm mit ihrem Intellekt entgegentreten und ihn schließlich vertreiben. Ich machte ein Symbol gemäß den Vorschriften meines Ordens [12], indem ich den Geist als Bewohner des fünften Elements mit einem andern Element in dienender Stelle ansah, und er wurde fast sofort sichtbar. Ich sah natürlich nichts über einen ungewissen geistigen Eindruck hinaus, aber Maud Gonne sah ihn fast so, als ob er körperlich anwesend wäre. Er erzählte seine Geschichte, indem er aufgriff, was vielleicht ein späteres Ereignis in ihrem Wüstentraum war. Er war eine verflossene Persönlichkeit von ihr und jetzt auf der Suche, sich mit ihr zu vereinigen. Er war Priesterin in einem Tempel irgendwo in Ägypten gewesen und hatte unter dem Einfluß eines Priesters, der ihr Geliebter war, für Geld falsche Orakel verkündet und deshalb hatte sich die Persönlichkeit aus jenem Leben abgespalten und sei ein halblebendiger Schatten geworden. (. . .)

Sie war dahin gekommen, daß sie mich brauchte, so schien es, und ich zweifelte nicht daran, daß daraus Liebe werden würde, ja, daß es das schon wurde. Ich hatte, wie ich sie beobachtete, sogar eine grausame Regung, als ob ich ein Jäger wäre, der eine wilde Kreatur einfängt.

(Hier folgen gestrichene Sätze, darunter: »Ich wollte sie jetzt zu meiner Geliebten machen.«) (. . .)

Eines Abends, als ich ihr irgendein Kompliment machte, bemerkte ich, daß sie sich tief verfärbte. Sie ging nach Paris zurück, und ihre Kusine, ein junges Mädchen im selben Alter, fragte mich, als ich sie auf der Straße traf, warum ich nicht in Paris sei. Ich hatte kein Geld. Ich hatte in Irland all mein Erspartes ausgegeben, und statt jetzt so schnell wie möglich mehr zu verdienen, verbrachte ich mehr als meine halbe Zeit dazu, an sie zu schreiben. Wenn ich ihr all meine Gedanken, all meine Hoffnungen und meine Pläne schriebe, dann würde sie mich doch sicher nicht verlassen.

Ich wußte genau, daß ihr Tatendrang wiederkehren würde und daß ich sie vor eine Aufgabe stellen mußte – eine geheime, mystische Propaganda könnte nicht genug sein. Und jetzt hatte der Tod Parnells mir gezeigt, wie ich glaube, was diese Aufgabe sein würde. Als ich mit meinem Vater und meiner Mutter nach London gegangen war, hatte ich schon den Plan, eines Tages zurückzukehren und eine Bewegung wie die von Jungirland anzufangen, wenn auch weniger direkt politisch. Die Einzelheiten hatte ich noch nicht durchdacht, und während meiner Londoner Jahre kam ich auf die Idee, daß Gesellschaften und Bewegungen, die die Literatur ermutigen wollten oder sie dort begründen wollten, wo sie noch nicht existierte, absurd waren – ist der Künstler nicht immer ein Einsamer? – und dennoch wollte ich jetzt Gesellschaften gründen und Zeitungen beeinflussen. Ich fing an, diesen Plan meinem neueren spöttischen Selbst gegenüber damit zu rechtfertigen, daß ich mir sagte, Irland, das keine kritische Presse hervorbringen konnte, müsse einen Ersatz dafür finden. Einen Augenblick später beschuldigte das neuere Selbst mich der Unaufrichtigkeit und bewies mir, daß ich eine Arbeit suchte, die nicht demoralisierend war, wofür ich selbst die notwendigste Politik hielt, nicht für alle, aber vor allem für sie, deren Seele ich teilweise von ihrer körperlichen Schönheit her beurteilte und teilweise als vornehm und subtil erkannte. Durch eine Wahrnehmung, die von außen in mich zu dringen schien, so plötzlich war sie da, wußte ich, daß der Zauber des irischen öffentlichen Lebens verflogen war und daß die Jungen vielleicht auf viele Jahre hinaus irgendeine unpolitische Form für das Nationalgefühl anstrebten. (. . .)

V

Während ich diese Pläne, bei denen viel Patriotismus und mehr Verlangen nach einer schönen Frau mitspielten, ausarbeitete und über meine Erwartung hinaus gedeihen sah, hatte Maud Gonne aufregendere Arbeit gefunden. Nach Parnells Fall waren die Pachtbauern, die während des »Landkrieges« von ihrem Grund und Boden vertrieben worden waren, von ihren Führern, wie es schien, verlassen worden. Kein Geld kam mehr aus Amerika, und Irlands politische Energien wurden im Kampf zwischen Parnellanhängern und Parnellgegnern aufgesogen. Sie fühlte sich für einige dieser Pachtbauern verantwortlich, da sie zu denen gehört hatte, die ihnen geraten hatten, sich dem »Plan der Campagne« anzuschließen [13], und sie fing an, in Frankreich Vorträge zu ihrem Besten zu halten. Sie sprach von dem Unrecht in Irland und viel von gewissen Iren, die im Gefängnis saßen wegen ihrer versuchten Bombenanschläge auf öffentliche Gebäude. Einige dieser Männer, die schon seit vielen Jahren gefangen saßen, waren nicht mehr gesund, und sieben oder siebzehn hatten, wie man sich erzählte, den Verstand verloren. Keine der irischen Parteien wollte für ihre Sache eintreten aus Furcht, die Homerule-Bewegung bei der englischen Wählerschaft zu kompromittieren. Vielleicht würden diese Vorträge, außer etwas Geld für die vertriebenen Pachtbauern zu sammeln, England aus Fürsorge für seinen guten Namen in Frankreich dazu bringen, einige dieser Männer freizulassen.

Sie sprach zuerst in Paris und dann in den französischen Provinzen mit bedeutendem Erfolg. Michael Davitt (der Begründer der »Landliga«) war ihr mit Briefen zuhilfe gekommen; M. Magnard hatte ihr den *Figaro* zur Verfügung gestellt. Überall sprachen alte Journalisten und junge Studenten von den Grausamkeiten Englands, und die englische Botschaft hatte erste Zeichen von Unsicherheiten gezeigt. Ihr Erfolg rührte mich, und ich las mit Freuden von ihrem »mysteriösen Auge«, das einige Journalisten dazu bewog zu sagen, es berge die Schatten künftiger Schlachten. Ich kannte diesen unbestimmten Ausdruck in ihren Augen auch und hatte mich oft gefragt, was er bedeute: die Weisheit, die doch sicher mit ihrem Symbol, ihrer Schönheit, Hand in Hand ging – oder aber jeglichen Mangel an Gedanken? Nun, da ich zurückblicke, erkenne ich, daß eine Macht über das Volksempfinden, die die Mitglieder des Parlaments durch einen Streit, der neun Jahre lang dauern sollte, verscherzt hatten, nun in ihre Hand überzugehen im Begriff war. Im Augenblick war ich eifersüchtig auf all diese unbekannten Helfer, die ihre Auftritte arrangierten – hatte sie mir nicht auch erzählt, daß ein französischer Freund, der sie unglücklich sah, ihren ersten öffentlichen Vortrag angeregt hatte? Und ich sah auch keinen genügenden Gewinn aus so viel Mühe – ein paar Pachtbauern mehr auf ihr Land zurückgebracht, vielleicht ein paar Dynamittäter befreit – und ich hatte doch von einer Koordination intellektueller und politischer Kräfte geträumt. Durch die emotionale Färbung war ihre Beredsamkeit ein Appell an sich selbst und an etwas Unkontrollierbares, etwas, was man nie koordinieren konnte. Ich hatte auch (...) angefangen, dieses verscherzte Führertum anzustreben.

Mein Dublin war noch blinder. O'Leary sah nichts als eine schöne Frau, die auf erregende Erlebnisse aus war, und Miss Sarah Purser (...) sagte: »Maud Gonne redet Politik in Paris und Literatur mit Ihnen, und auf der Pferde-Ausstellung spricht sie dann von einer fabelhaften Zuchtstute.« Ich verteidigte sie immer, war dabei aber sehr beunruhigt und sagte oft: »Keiner von euch versteht ihre Charakterstärke.« Sie kam immer wieder nach Irland und oft in den Westen, wo alle Pachtbauern, die dank ihres Einflusses sich irgendeiner Gruppe angeschlossen hatten, wieder in ihre Häuser und Bauernhöfe eingesetzt worden waren. Wenn sie in Dublin war, waren wir immer zusammen, und sie sammelte Bücher für unsere ländlichen Zweigstellen und gründete, ich glaube, drei oder sieben neue Zweigstellen, alle, die wir geplant

hatten. Aber es war ihr nicht mehr möglich, die »feurige
Hand« zu sein. [14] Immer solange ihr nicht irgendein poli-
tisches Projekt in den Kopf kam, war sie die Frau, die ich zu
lieben gelernt hatte. Sie lebte wie eh und je, umgeben von
Hunden und Vögeln, und ich erfuhr allmählich von vielen
karitativen Tätigkeiten – alte Frauen oder alte Männer, die
nicht mehr arbeiten konnten, suchten sie auf; und ich fing
an, an ihr eine Geduld, die meine weit überstieg, zu
bemerken in der Art, wie sie Vögel und Hunde behandelte.
Ich konnte halbe Tage lang mit Vogel oder Hund spielen,
aber hatte keine Geduld mit ihrem Eigensinn.

VI

Sie schien jede Feinheit meiner Kunst zu verstehen und vor
allem meine Geistesphilosophie, und ich war immer noch
voll von William Blake, und zuweilen sagte sie, ich hätte sie
vor der Verzweiflung gerettet. Wir arbeiteten viel zusam-
men mit Symbolen, und sie pflegte sofort in eine Halbtrance
zu verfallen und alles deutlich zu sehen. Ich versuchte
immer, mithilfe der Symbole in ihrem Geist eine engere
Einheit mit der Seele und vor allem mit dem Seelenfrieden
hervorzubringen. Zwei Visionen überraschten mich und
waren eine Prophezeiung von Stimmungen, die sich bisher
noch nicht in ihrem Leben gezeigt hatten. Ich sagte ihr, daß
wir zu Lebzeiten in gewissen Augenblicken in die himmli-
schen Kreise eintreten könnten, die wir in der Ewigkeit
bewohnen würden. Ich beschwor die angemessene engelar-
tige Form und fragte, wie viele Kreise zu ihr gehörten. Sie
sagte: »Er berichtet mir, daß ich in der Hölle bin, aber daß
ich eines Tages in drei Kreise werde eintreten können,
obwohl ich es jetzt nicht kann.« Dann zeigte er ihr drei
Kreise: einen Garten, »den Kreis des beinahe erfüllten Ver-
langens«; einen Ort in einem Wald mit einem umgefallenen
Baum, »den Ort ewigen Friedens, der für jede menschliche
Seele sehr kurz ist«; einen Berg mit einer gewundenen

Straße und einem Kreuz, »den Kreis der Geburtswehen von göttlicher Liebe.«

Monate später, bei einem andern Besuch in Dublin, und nachdem sie, wie ich herausfand, sogar die Anzahl dieser Kreise vergessen hatte, zeigte er ihr die Höllen, in die sie gefallen war; ein großes Meer mit Händen wie von Männern, die darin ertranken – eine Erinnerung an eine Zeichnung von Blake vielleicht –: der Kreis unerfüllter Begierde; ein tiefer Abgrund mit Drachen, die an ihm heraufzusteigen versuchten: ein dauerndes Steigen und Fallen, der Kreis unerfüllter Hoffnungen; und dann eine weite Leere und die herunterfallenden Blütenblätter einer abgepflückten Rose: den Kreis der Rache. Ich las ihr meine früheren Aufzeichnungen vor und wies sie auf die Übereinstimmungen hin. »Ewiger Friede« war das Gegenteil von unerfüllter Hoffnung und Rache das von »Geburtswehen von göttlicher Liebe.« (. . .)

Heute glaube ich, daß Maud Gonne unbewußt in der starken Überzeugung lebte, daß ihre Seele verloren sei und sie mit ihrem Bewußtsein alle damit zusammenhängenden Symbole verdrängte; diese Symbole konnten im Geiste derer sichtbar werden, die in enger Verbindung mit ihrem standen. Vielleicht war da auch ein wirklicher Wettstreit zwischen den Truppen der Geister um die Kontrolle ihres Inneren, und diejenigen, welche Gott entgegendrängten, könnten die andern veranlaßt haben, teuflische Formen anzunehmen. (. . .)

Ich hörte manche Skandale über sie, aber wies die gröberen Skandale sofort zurück, und ein immerwiederkehrendes Gerücht tat ich beiseite mit dem Gedanken: »Sie hätte es mir erzählt, wenn es wahr wäre.« Allmählich hatte es geschienen, als ob die Vertrautheit unseres Geistes nicht mehr größer sein könnte, und die Tatsache, daß uns eine Heirat immer mehr entglitt, erklärte ich mit meiner eigenen Unreife und Erfolglosigkeit. Eines Nachts hatte ich beim Einschlafen plötzlich eine Röhre und eine formlose weiße

Masse gesehen, die mich vor ein Rätsel stellten. Am nächsten Tag, als ich an einem Zigarrenladen vorbeiging, sah ich, daß es ein Klumpen Meerschaum war, der noch nicht zur Pfeife geformt worden war. Sie war fertig; ich war es nicht.

VII

Ich begann ihre Politik zu hassen, meinen einzigen sichtbaren Nebenbuhler. Eines Tages, als sie den ganzen Tag im Spiel mit einem Habicht verbrachte, den jemand ihr von Donegal geschickt hatte, war ich entzückt, denn um dieses Spieles willen gab sie eine politische Versammlung zur Wahlnominierung auf. Der Kandidat, für den sie sich einsetzte, verlor die Nominierung mit einem halbdutzend Stimmen. »Wenn du nicht gewesen wärst«, sagte sie, »hätte man für ihn gestimmt«, und ich empfand nur Hohn bei dem Gedanken, daß ein gewählter Ire mehr es wert gewesen wäre, uns den Tag zu verderben, wo wir doch so wenige Tage hatten. Ich glaube, daß die Kräfte, die ich angefangen hatte, ins Leben zu rufen und ähnliche Kräfte alle solche Dinge regeln würden, wenn man ihnen nur Zeit ließe. Wir hatten einen Streit, und auch nachdem sie nach Frankreich gegangen und wieder zurückgekehrt war, blieb eine leise Entfremdung zurück. Ich war tief berührt, weil sie meine eigene Arbeit und besonders einen Streit, der daraus erwachsen war, allzu leicht nahm. Für sie war das nur, so schien es oft, ein ärgerlicher Zank unter ihren Freunden, aus dem sie sich aus anständigem Takt heraus fernhielt. Ich hingegen glaubte, daß die intellektuelle Freiheit Irlands auf dem Spiele stand. (. . .)

VIII

Bald darauf (im Sommer 1893) hatten Maud Gonne und ich einen ernsthaften Streit. Vieles von dem, was voranging oder folgte, hat sich in meinem Gedächtnis verwischt, aber gewisse innere Bilder sind sehr deutlich. Ich erinnere mich, wie sie eine Wohnung nahm, die für uns beide so unglückliche Folgen hatte. Sie gehörte zwei nicht sehr sauberen alten Frauen, die sie mit außerordentlicher Beflissenheit in einem Zimmer mit schweren Vorhängen an den Fenstern und einem Tisch mit dunklem, hängendem Tischtuch empfingen. Ich erinnere mich, wie schön sie aussah, wie schlecht ich mich Taylor gegenüber benahm, mit dem ich gerade gestritten hatte, und das war der Anfang. Es war der alte Streit. Ich hatte, glaube ich, protestiert gegen die große Anzahl von Büchern mit irischer Rhetorik, die er für unsere ländliche Bibliothek ausgesucht hatte und hatte in seiner Gegenwart meine Bedenken gegen rhetorische Literatur in einer Weise unterstrichen, die auf sein eigenes Talent abzuzielen schien. Ich war stark provoziert worden, außerdem war ich eifersüchtig auf ihn, nicht weil ich in ihm einen Rivalen sah, sondern weil er ihren Geist in einem Gebiet beeinflußte, auf dem ich allein Einfluß haben sollte, wie ich glaubte. Aber ich stimmte allem zu, was sie sagte und bestärkte sie in ihren Anschuldigungen.

Ein paar Tage später hatte sich bei ihr eine Erkältung zu einer Lungenentzündung entwickelt, und ich wurde von Dr. Sigerson nicht vorgelassen, mit dem ich unlängst über Sir Gavan Duffy gestritten hatte. [15] In der Zwischenzeit hatte einer ihrer privaten Fürsorgefälle, eine Frau mit lehmfarbener ungesunder Hautfarbe und feuchten, kränklichen Händen, bemerkt, daß die beiden alten Frauen die Tür offengelassen hatten, um sich die Mühe zu sparen, sie bei jedem Klingeln zu öffnen, und war die Treppe heraufgestiegen und hatte die Pflichten einer Krankenschwester auf sich genommen. Da gerade niemand besserer da war, hatte der Arzt sie angenommen, und von ihr, mit der ich jeden Abend in einem öffentlichen Park verabredet war, erhielt ich meine täglichen Nachrichten. Mit einemmal wurden die Nachrichten wild-dramatisch. Ich sollte nicht mehr an Maud Gonne denken – die nach einem Grund für einen Streit suchte – sie liebe einen andern, ja, vielleicht zwei andre, denn krank wie sie war, hatte sie sich entschlossen, nach Frankreich zurückzueilen, um dem Duell zwischen diesen beiden beizuwohnen. Maud Gonne hatte ihnen sogar verboten, sich vor ihrer Ankunft zu schlagen oder an irgendeinem anderen Ort als in ihrem Wohnzimmer. Bei andern Gelegenheiten verkündete sie, daß ich Maud Gonne nicht wiedersehen könnte.

Nach einiger Zeit kam May Gonne (Mauds Kusine) nach Dublin, und von ihr erhielt ich glaubwürdigere Nachrichten. Maud Gonne war im Begriff abzureisen, sie war so krank, daß man sie zum Zug tragen mußte, und der Arzt hatte schriftlich dagegen protestiert. Lange Zeit hörte ich nichts, und dann erfuhr ich, diesmal kein Gerücht, daß dieser Schützling, der erste von vielen, denen ich nicht mit der rechten Herzlichkeit begegnen konnte, eine Geschichte über mich verbreitet hatte, anscheinend weniger wild-dramatisch, als die, die sie mir vorgetragen hatte, da sie geglaubt worden war. Ich hörte bald überall eine gräßliche Geschichte über mich zirkulieren. Ich war Maud Gonnes Geliebter gewesen, und es hatte eine ungesetzliche Operation stattgefunden, bei der ich anwesend war. Der Schützling war eines dieser unheimlichen Weiber, die ohne Erregungsmittel nur halblebendig sind, und sie fand diese Erregungsmittel in ihrer eigenen Phantasie. Maud Gonne hat mir später selbst erzählt, wie sie einmal mitten in der Nacht aufwachte und diese Augen, die ich als trüb und immer feucht erinnere, über ihr Gesicht gebeugt waren. Sie schickte sie ans andere Ende des Zimmers. »Nein, ich darf nicht«, war die Antwort, »Dr. Sigerson sagt, Sie könnten jeden Augenblick sterben, ich warte auf den Moment des Todes.« Einmal war ein anderer Besuch gekommen, einer der Aufständischen, ein patriotischer alter Mann, der seinerseits die Haustür offen gefunden hatte und die Treppe heraufgekommen war. Er hatte sich aufs Sofa gesetzt, auf dem die Kranke lag und plapperte von seinem Kummer, in den sich die

Beschreibung der Menschenmenge mischte, die an ihrer Beerdigung teilnehmen würde. (. . .)

IX

Ich war gepeinigt von sexueller Begierde und nun schon seit vielen Jahren. Ich sagte mir oft, daß ich all dies eines Tages in einem Buch aufschreiben würde, damit irgendein junger Mann von Talent nicht auch glauben sollte, wie ich es tat, daß ich als einziger diese Schande erlitt. Es begann, als ich fünfzehn Jahre alt war. Ich hatte im Meer gebadet und legte mich in der Sonne auf den Sand in Rosses Point und bedeckte meinen Körper mit Sand. Nach einiger Zeit begann das Gewicht des Sandes auf mein Geschlechtsorgan einzuwirken, obgleich ich anfangs nicht wußte, was diese sonderbare sich verstärkende Empfindung war. Erst beim Orgasmus wußte ich Bescheid, da ich mich an die Beschreibung irgendeines Jungen oder die Beschreibung in der Enzyklopädie meines Großvaters erinnerte. Ich brauchte viele Tage, bis ich entdeckte, wie ich diese wunderbare Empfindung wieder hervorrufen konnte. Daraufhin war es ein fortgesetzter Kampf gegen eine Erfahrung, die mich fast immer mit erschöpften Nerven zurückließ. Normaler Geschlechtsverkehr hat auf mich keine andere Wirkung wie bei jedem andern Mann, aber das, wenn auch nie häufig, zerstörte mich völlig. Es erfüllte mich mit einem Abscheu vor mir selbst; und dennoch wurde ich zuerst durch Stolz und vielleicht auch ein bißchen aus Mangel an deutlicher Gelegenheit und nun durch Liebe in einem salbungsvollen Zölibat festgehalten. Als ich in meinem siebenundzwanzigsten Jahr nach London zurückkehrte, schien meine Liebe fast hoffnungslos zu sein, und ich wußte, daß alle meine Freunde Geliebte dieser oder jener Art besaßen und daß die meisten, wenn sie es brauchten, Dirnen mit nach Hause nahmen. Henley machte sich sogar über jede andre Lebensart lustig. Ich hatte seit meiner Kindheit nie die Lippen einer Frau geküßt. In Hammersmith sah ich eine Frau in der leeren Bahnhofshalle auf und ab gehen. Ich erwog, mich ihr anzubieten, aber der alte Gedanke kam wieder: »Nein, ich liebe die schönste Frau der Welt!«

X

Bei einem literarischen Diner, wo ungefähr fünfzig bis sechzig Gäste waren (Anfang 1894), bemerkte ich mir gegenüber, zwischen zwei berühmten Romanciers, eine Frau von großer Schönheit. Ihr Gesicht war von vollkommener griechischer Ebenmäßigkeit, aber ihre Haut war etwas dunkler als es die einer Griechin gewesen wäre, und ihre Haare waren sehr dunkel. Sie war exquisit gekleidet mit, wie mir schien, sehr alter Spitze über der Brust, und hatte denselben sensitiven Ausdruck von Distinktion, wie ich ihn bei Eva Gore-Booth bewundert hatte. Sie war anscheinend gleichaltrig mit mir, aber machte mir den Eindruck unvergleichlicher Vornehmheit. Ich wurde ihr nicht vorgestellt, fand aber heraus, daß sie mit einem Mitglied des Rhymers' Club verwandt war und sich nach meinem Namen erkundigt hatte.

Ich fing an, *Das beßre Land* zu schreiben, um die Nichte einer neuen Freundin, Miss Florence Farr, mit einer Rolle zu versorgen, und füllte es mit meiner eigenen Verzweiflung. Ich fand keine Erklärung dafür, warum Maud Gonne sich von mir abgewandt hatte, es sei denn aus irgendeinem unbestimmten Drang nach einem unmöglichen Leben, nach einer immer gleichbleibenden erregenden Spannung, wie die der Heldin in meinem Stück. (. . .)

XI

Bei meiner Rückkehr von Frankreich (März 1894) wurde mein Stück (*Das beßre Land*) aufgeführt und hatte einigen Erfolg, da es, teilweise wohl durch die Freundlichkeit der

Theaterleiterin, meine Freundin Florence Farr, fast sieben
Wochen lang lief. Kurz darauf stellte mich das Mitglied des
Rhymers' Club jener Dame vor, die ich zwischen den beiden

Olivia Shakespear

berühmten Romanciers hatte sitzen sehen, und es begann
eine Freundschaft, die ich hoffe, bis zu meinem Tode
aufrechtzuerhalten. In diesem Buch kann ich ihren wahren
Namen nicht schreiben – Diana Vernon klingt mir ange-
nehm genug in den Ohren und paßt zu ihr wie irgend ein
anderer. [16] Als ich sie besuchte, sagte sie: »Soundso
wollte uns nicht einander vorstellen; nachdem ich Ihr Stück
gesehen habe, hab ich mich entschlossen, Ihnen zu schreiben,
falls ich sie auf andere Weise nicht kennenlernen könnte.«

Sie war äußerst kultiviert, besaß Kenntnis der französischen, englischen und italienischen Literatur und schien immer Zeit zu haben. Ihr Wesen war sanft und nachdenklich, und anscheinend war sie es zufrieden, nichts als ein Leben der Muße und im Gespräch mit ihren Freunden zu führen. Ihr Gatte, den ich nur einmal sah, war viel älter und schien etwas schwerfällig, ein bißchen leblos. Noch wußte ich nicht, wie sehr sich die beiden entfremdet hatten. Ich sprach ihr von meinem Liebeskummer, ich war ja von ihm besessen, er verließ mich nie, nicht bei Tag oder Nacht.

XII

Als ich in Sligo war, bekam ich viele Briefe von Diana Vernon, freundliche Briefe, die mich in eine halbbewußte Erregung versetzten. Ich erinnere mich, wie ich nach einem dieser Briefe eine Frau vom Lande bat, mir aus Teeblättern wahrzusagen und an meine Enttäuschung über das unbestimmte Orakel. (. . .) Später sagte sie mir dann, daß meine Briefe unbewußte Liebesbriefe wären und diese Beschreibung überraschte mich. Ich weiß nicht mehr, wie lange nach meiner Rückkehr das Gespräch stattfand, das so vieles in meinem Leben bestimmen sollte. (. . .) Sie sprach von ihrem heidnischen Leben in einer Weise, daß ich glauben mußte, sie hätte viele Liebhaber gehabt und verabscheute ihr Leben. (. . .) Ihre Schönheit, dunkel und still, hatte die Vornehmheit der besiegten Dinge, und wie hätte sie nicht an meinem Herzen rütteln sollen? Ich brauchte vierzehn Tage, um zu einem Entschluß zu kommen.

Ich war arm, und es würde ein schwerer Existenzkampf sein, wenn ich sie aufforderte, mit mir wegzugehen, und vielleicht würde ich schließlich nur meine Tragödie ihrer eigenen hinzufügen, denn sie könnte ja ihr schlimmes Leben wieder aufnehmen. Aber wenn ich schon die Frau, die ich liebte, nicht bekommen konnte, würde es ein Trost sein, mich, sei es auch nur auf kurze Zeit, einer anderen zu widmen. Meine erregten Sinne hatten zweifellos ihren Anteil an diesem Argument, aber unbewußt. Am Ende der zwei Wochen bat ich sie, mit mir nachhause zu reisen. Sie wurde sehr lustig und erfreut, und lobte mich ein paar Tage später dafür, ihr in dem Augenblick nur einen brüderlichen Kuß gegeben zu haben in meinem schönen Taktgefühl, wie sie es auslegte. Ich war in dem Augenblick sicherlich über alle sinnlichen Regungen erhoben, aber ich glaube dennoch nicht, daß ich auf eine bessere Art zu küssen verstand, denn als sie mir auf unserer ersten gemeinsamen Bahnfahrt – wir wollten den Tag in Kew verbringen – den langen leidenschaftlichen Kuß der Liebe gab, war ich verwirrt und etwas schockiert.

Kurz darauf teilte ich ihr einige der Gedanken während jener zwei Wochen mit, und sie war bestürzt und voller Scham, daß ich sie mir so vorgestellt hatte. Ihre Verruchtheit war nie über das Erdachte hinausgegangen; ich würde ihr erster Liebhaber sein. Wir beschlossen, daß wir Freunde sein sollten, solange sie nicht ihr eigenes Haus mit meinem tauschen könnte, aber wir waren uns einig, damit zu warten, bis ihre Mutter, eine sehr alte Frau, gestorben war. Wir beschlossen, als Beschützerin unseres Abenteuers, jeder eine Freundin zu Rate zu ziehen, damit wir uns an diese Entschlüsse hielten, und fast ein Jahr lang trafen wir uns in Bahnabteilen und in Gemäldegalerien und zuweilen in ihrem Haus. In der Dulwich-Galerie brachte sie mir Watteau nahe – sie gehörte auch zur Pater-Schule – und in der National Gallery den Maler, der ihr am besten gefiel, Mantegna. Ich schrieb verschiedene Gedichte für sie, alle merkwürdig kunstvoll im Stil: *Die schattigen Pferde* und *Er gibt seiner Geliebten gewisse Reime* und *Ein Dichter an seine Geliebte* und glaubte, ich sei wieder verliebt. Ich bemerkte, daß sie wie die milden Heldinnen meiner Stücke war. Sie schien ein Teil meiner selbst zu sein.

Ich bemerkte, daß sie nicht so gut sprach wie zur Zeit, als ich sie kennenlernte, ihr Gemüt schien belasteter, aber in ihren Bewegungen zeigte sie immer eine unvorhergesehene

Jugendlichkeit; sie schien in ihr zwanzigstes Jahr zurückge-
kehrt zu sein. Eine kurze zeitlang, einige Monate, glaub ich,
wohnte ich mit Arthur Symons im Temple zusammen. Sy-
mons wußte von meiner Freundin und meinen Plänen, aber
kannte ihren Namen nicht. Er traf meine Freundin sogar auf
irgendeiner Gesellschaft, bat darum, sie besuchen zu dürfen
und kam voll von ihrem Lob nachhause. Schließlich sollten
sie und ihre Beschützerin zum Tee kommen. Ich glaube
nicht, daß ich Symons dazu einlud, denn ich kaufte selbst
den Kuchen. Als ich mit dem Paket nachhause kam, fing ich
an, an Maud Gonne zu denken, bis meine Gedanken
dadurch unterbrochen wurden, daß ich die Tür verschlossen
fand. Ich hatte den Schlüssel vergessen, ging mit vielem
Aufwand auf die Suche nach einem Schlosser und fand statt-
dessen einen Mann, der aufs Dach und in ein Mansardenfen-
ster stieg.

Am gleichen Abend, um zwölf Uhr, sagte ich zu Symons, der
eben nachhause gekommen war: »Hab ich dir jemals über
Maud Gonne gesprochen?«, und bis zwei oder drei Uhr
morgens sprach ich von meiner Liebe zu ihr. Unter allen
Männern, die ich gekannt habe, war er der beste Zuhörer; er
konnte zuhören, wie eine Frau zuhört, und begegnete nie
mit einem rivalisierenden Gedanken dem eigenen, wie
Männer tun, er nahm das, was man sagte, auf, verwandelte
es, gab ihm gewissermaßen Fleisch und Knochen. Ein paar
Tage später bekam ich einen wilden Brief von Maud Gonne,
die in Dublin war. »Ob ich krank sei? Hätte ich irgendeinen
Unfall gehabt?« An einem bestimmten Tag, es war, wie ich
herausfand, eben der, an dem ich die Gäste gehabt und den
Schlüssel verloren hatte, war ich in ihr Hotelzimmer getre-
ten, wo sie mit Freunden saß. Anfangs glaubte sie, ich sei
wirklich da, aber da sie nach einiger Zeit bemerkte, daß
niemand sonst mich sah, wußte sie, daß es ein Geist war. Sie
gebot mir, um zwölf Uhr am selben Abend zurückzukom-
men, und ich verschwand. Um zwölf hatte ich, in ein sonder-
bares priesterliches Gewand gekleidet, an ihrem Bett

gestanden und ihre Seele mitgenommen, und wir waren über die Klippen von Howth gewandert, wo wir vor Jahren zusammengewesen waren. Ich erinnere mich noch deutlich an einen Satz: »Es war sehr traurig, und alle Möwen schliefen.« Meine ganze alte Liebe war wieder da und kämpfte mit der neuen. (Folgt ein gestrichener Satz: »Jahre später sagte sie mir, daß sie in diesen Tagen mich zum Mann hatte nehmen wollen.«)

Bald darauf wurde ich aufgefordert, die Beschützerin meiner Freundin aufzusuchen. Sie mißbilligte unseren Plan, von zuhause wegzugehen. Es gab da verschiedene Gründe, auf die ich nicht eingehen kann, ohne vielleicht gegen meinen Willen Diana Vernons wahren Namen zu enthüllen. Meine Beschützerin besuchte mich und gebrauchte dieselben Argumente, und beide, Frauen von Welt, rieten uns, ohne weiteren Aufhebens zusammenzuleben. Dann versuchte Diana Vernon, sich scheiden zu lassen von ihrem Mann, der, wie sie glaubte, für sie Abneigung oder Gleichgültigkeit empfand. »Er hörte auf, galant mit mir zu sein vom Tag unserer Hochzeit an«, hatte sie gesagt. Er war sehr bekümmert und wurde krank, und sie gab den Plan auf und sagte mir: »Es ist rücksichtsvoller, ihn zu betrügen.« Nun waren unsere Sinne beteiligt, und auch wenn wir von Trennung sprachen, war es nur, um sie unmöglich zu finden. Ich zog in meine jetzige Wohnung in den Woburn Buildings ein und möblierte sie sehr spärlich mit billigen Möbeln, die ich ohne Bedauern wegwerfen könnte, wenn ich einmal mehr Geld hätte. Sie begleitete mich bei jedem Kauf, und ich erinnere mich an ein peinliches Gespräch in der Gegenwart eines Verkäufers in Tottenham Court Road über die Weite des Bettes – jeder Zentimeter machte es teurer.

Im Januar meines dreißigsten Jahrs, glaub ich, kam sie endlich zu mir (vermutlich 1896, also in seinem einunddreißigsten Jahr) und vor nervöser Erregung war ich impotent. Am nächsten Tag trafen wir uns im British Museum – wir machten Studien zusammen – und ich wunderte mich darüber, daß wir uns beide nicht verändert hatten. Eine Woche später kam sie wieder zu mir, und meine nervöse Erregung war so quälend, daß es das Beste schien, nur beim Tee zusammenzusitzen und zu sprechen. Ich glaube nicht, daß wir uns küßten, erst bei ihrem Abschied. Sie verstand, und statt Zuneigung in Abneigung zu verwandeln, wie eine andere es getan hätte, war sie nur beunruhigt über meine Beunruhigung. Meine Nervosität kam nicht wieder, und wir hatten viele Tage voll Glück. Es wird mir immer ein Schmerz bleiben, daß ich die Liebe nicht geben konnte, zu der ihre Schönheit berechtigt war, aber sie war meiner Seele zu nahe, zu gesund und heilsam für mein tiefstes Wesen. Unser ganzes Leben lang sehnen wir uns, wie Leonardo da Vinci sagt, nach unserem eigenen Untergang und glauben, es sei nur der Mond, nach dem wir uns sehnen; und wenn wir ihm in der Form einer über alles schönen Frau begegnen, können wir weniger tun, als alle andern um ihretwillen verlassen? Meine Liebesbeziehung dauerte nur ein Jahr, unterbrochen durch eine Reise von ihr nach Italien und von mir nach Paris. Ich mußte um meinen Lebensunterhalt kämpfen, und das machte es mir schwerer, ich war so oft mit anderem beschäftigt, wenn sie kam. Dann schrieb Maud Gonne mir; sie sei in London, möchte ich mit ihr zu Abend essen? Ich aß mit ihr, und meine Verwirrung wurde stärker − sie hatte sicherlich keine Ahnung von dem Unheil, das sie anrichtete. Eines Morgens schließlich schrieb ich Briefe statt viele Liebesgedichte zu lesen, um mich in die richtige Stimmung zu versetzen. Meine Freundin bemerkte, daß meine Stimmung nicht der ihren entsprach und brach in Tränen aus. »Du hast jemand andern im Herzen«, sagte sie. Das war der Bruch zwischen uns auf viele Jahre. (. . .)

XIII

Ich ging nach Paris, dem alten Anziehungspunkt (im Dezember 1896) und wohnte eine zeitlang im Hotel Corneille beim Luxembourg, und da traf ich John Synge zum erstenmal. Ich hatte ihn gern, seine Aufrichtigkeit und seine Kenntnisse, aber ahnte nichts von seinem Genie. Ein Zufallsbesucher stellte uns vor. »Im obersten Stockwerk wohnt ein Ire«, sagte er. Er las französische Literatur, vor allem Racine, und hoffte, sich seinen Lebensunterhalt durch Artikel darüber in englischen Zeitungen zu verdienen. Ich überzeugte ihn davon, daß Symons immer ein besserer Kritiker sein würde und daß er nach Irland gehen sollte – er konnte irisch. Ich erzählte ihm von Aran, wo ich eben gewesen war – und daß er einen Ausdruck für ein Leben finden sollte, das keinen hatte. »Stil kommt vom Schock eines neuen Materials«, waren später seine eigenen Worte dafür. (. . .) Ich sah Maud Gonne oft, und meine Hoffnung erhielt wieder Nahrung. Wenn ich zu ihr gehen könnte und zum Beweis meine Hand ins Feuer hielte, bis sie schwer verbrannt wäre, würde sie dann einsehen, daß man eine Verehrung wie meine nicht leichtsinnig wegwerfen darf? Ich dachte oft, wenn ich zu ihr ging, daran, und ich glaube nicht, daß es die Furcht vor Schmerzen war, die mich davon abhielt, sondern die Angst, verrückt zu werden. Ich fragte mich zuweilen, ob ich nicht wirklich verrückt wäre. (. . .) Um Maud Gonne in ihrer Arbeit zu unterstützen, hatte ich vorgeschlagen, und war nun damit beschäftigt, eine »Jung-irland-Gesellschaft« in Paris zu gründen und führte Synge dort ein, aber er zog sich bald zurück. Maud Gonne war eben daran, der Gesellschaft einen Fenier-Anstrich zu geben [17] und ich erinnere mich an seine Worte, er glaube, England würde erst dann Irland in sein Recht setzen, wenn es sich selber sicher fühle; der einzige politische Satz, den ich je von seinen Lippen hörte.

XIV

Seit meine Geliebte mich verlassen hatte, war keine andre Frau in mein Leben gekommen, und fast sieben Jahre lang blieb das so. Geschlechtliche Begierde und enttäuschte Liebe brachten mir Qualen. Oftmals, wenn ich in den Wäldern von Coole ging, wäre es mir eine Erlösung gewesen, laut zu schreien. (. . .) Es kam mir nie in den Sinn, mir eine andere Liebe zu suchen. Immer wiederholte ich mir das letzte Geständnis Lanzelots, und das war mein größter Stolz: »Ich habe eine Königin über alle Maßen und eine überlange Zeit geliebt.« (Der Artusritter Lanzelot liebte Artus' Frau, die Königin Guinevere.) Weder vorher noch nachher war ich so unglücklich wie in jenen Jahren, die auf meinen ersten Besuch in Coole folgten. Bei meinem zweiten ebenso wie bei meinem ersten Besuch litt ich an nervöser Erschöpfung. Die Mühe, mich am Morgen anzuziehen, war eine zu große Anstrengung, und Lady Gregory fing an, mir Suppe aufs Zimmer zu schicken. (. . .)

Ich fand heraus, daß ich durch meine Symbole Träume hervorrufen konnte, aber die tiefsinnigsten kamen, glaube ich, ohne solche Mittel; ich schlief etwa mit einem kleinen Apfelblütenzweig auf meinem Kopfkissen ein. Manchmal, wenn ich eingeschlafen war mit dem Versuch, meine Seele zu der von Maud Gonne zu schicken, wobei ich irgendein Symbol verwendete, das ich nun vergessen habe, wachte ich zum Beispiel auf aus einem Traum von herabregnenden Edelsteinen. Manchmal hatte sie ein entsprechendes Erlebnis in Paris und in derselben Nacht, aber immer mit mehr Einzelheiten. Ich glaubte, wir würden eins in einer Welt von Gefühl, die sich durch ihre Intensität und Reinheit verewigte, und daß diese Welt sich in Edelsteinen symbolisierte. Keine psychische, sexuelle Empfindung begleitete diese Träume, und ich bemerkte, daß, sobald die Genitalerregung aufhörte, eine visionäre Form sich näherte, die von Edain. [18] (. . .)

XV

Von Zeit zu Zeit traf ich mit Maud Gonne zusammen, einmal in Belfast, wohin sie auf einer politischen Mission gegangen war, manchmal in Paris, oft in Dublin. In Dublin stieg ich nie in demselben Hotel ab, aus Angst, sie zu kompromittieren, obgleich sie mich oft wegen meiner Skru-

Maud Gonne (1897)

pel auslachte. Einmal beklagte sie sich, daß ich zu oft um sie sei. »Ich sage nicht«, sagte sie, »daß die Menge in mich verliebt ist, aber sie würde jeden hassen, der es wäre.« Dennoch blieb nie aus, daß ich meinen Brief mit der Anfrage erhielt, wann wir uns sehen könnten. Eines Morgens wachte ich in meinem Hotel in der Nähe von Rutland Square auf mit der verebbenden Vision ihres Gesichts, das über meins gebeugt war, und in der Gewißheit, daß sie mich geküßt hatte. Ich besuchte sie nach dem Frühstück im Nassau Hotel. Wir wollten den Tag zusammen verbringen und nachmittags den alten Fenier-Führer James Stephens besuchen. Sie sagte: »Hast du gestern nacht einen merkwürdigen Traum gehabt?« Ich sagte: »Ich habe heute morgen zum erstenmal in meinem Leben geträumt, daß du mich geküßt hast.« Sie gab keine Antwort, spät abends nach dem Abendessen, als ich eben nachhause gehen wollte, sagte sie: »Ich will dir jetzt sagen, was geschehen ist. Als ich gestern nacht einschlief, sah ich an meinem Bett einen großen Geist stehen. Er nahm mich mit zu einem großen Geistertreffen, und du warst dabei. Meine Hand wurde in deine gelegt und man sagte mir, wir wären verheiratet. Danach erinnere ich mich an nichts mehr.«

Am nächsten Tag fand ich sie sehr verdüstert am Feuer sitzen. »Ich hätte dir das nicht sagen sollen«, sagte sie, »denn im wirklichen Leben kann ich nie deine Frau werden.« Ich sagte: »Liebst du einen andern?«, und sie sagte: »Nein«, aber sie fügte hinzu, es gäbe einen andern und daß sie für zwei ein moralisches Wesen sein müsse. Dann kam Stück für Stück die Geschichte ihres Lebens zum Vorschein, lauter Dinge, die ich durch Skandalgeschichten entstellt gehört und nicht geglaubt hatte.

Sie hatte in Südfrankreich einmal den französischen Abgeordneten der Boulangisten, Lucien Millevoye, getroffen, als sie mit neunzehn Jahren bei Verwandten wohnte, und hatte sich sofort und ohne, daß er sie gedrängt hätte, in ihn verliebt. Dann ging sie nach Dublin zurück, wo ihr Vater ein Militärkommando innehatte. Eines Abends war sie am Feuer gesessen in Gedanken an ihr kommendes Leben. Sie sehnte sich danach, Herr über ihr eigenes Leben zu sein, und ein zufällig unter den Büchern ihres Vaters gefundenes Buch über Magie hatte ihr den Glauben eingegeben, daß der Teufel ihr helfen könnte, wenn sie zu ihm betete. Er war ihr beinahe eine wirkliche Person, denn in ihrer Jugend hatte sie in ein Kloster gehen wollen. Sie bat den Teufel, ihr

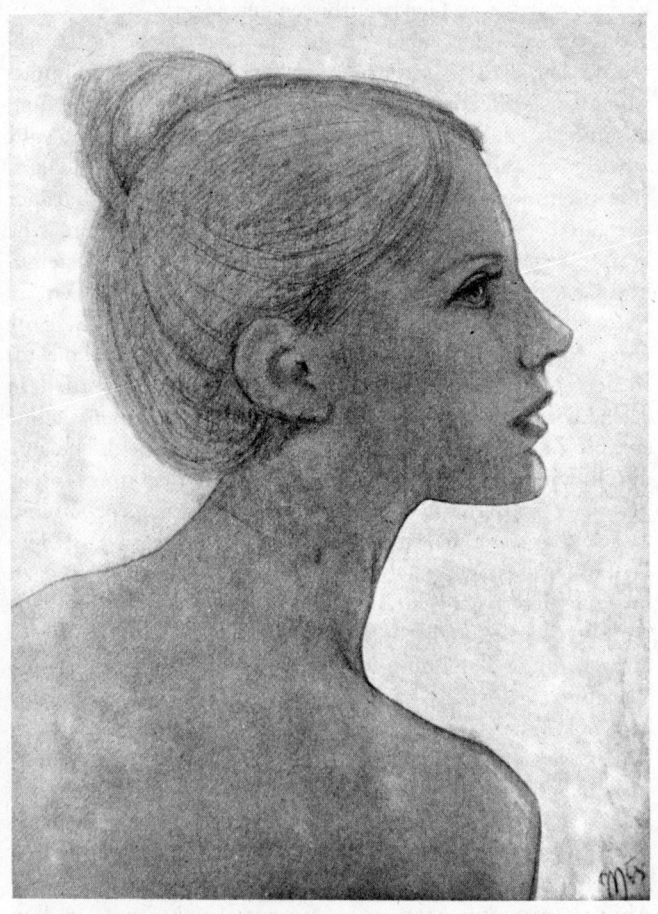

Iseult Gonne
(Nach einem Pastell von Maud Gonne)

Kontrolle über ihr eigenes Leben zu geben und bot ihm als Entgelt ihre Seele an. In dem Augenblick schlug die Uhr zwölf, und sie fühlte plötzlich, daß ihr Gebet erhört worden war. Innerhalb von zwei Wochen starb ihr Vater plötzlich, und sie wurde von Gewissensbissen gepeinigt.

Nun war sie Herr über ihr Leben, und als sie volljährig wurde, ließ sie sich in Paris nieder und wurde nach einigen Monaten Millevoyes Geliebte. Sie war selten mit ihm zusammen, denn geschlechtliche Liebe fing bald an, ihr zuwider zu sein, trotz allem aber liebte sie ihn sehr. Dann enttäuschte er sie auf mancherlei Weise. Aber darüber berichtete sie nichts Zusammenhängendes, preßte die Hände zusammen, als ich ein paar Fragen darüber stellte, und sagte, es sei nicht gut, über solche Dinge zu sprechen. Er hatte sie einmal, wie ich herausfand, gedrängt, die Geliebte eines Mannes zu werden, um seine politischen Pläne zu fördern, und sie hatte sich geweigert. Dann wurde ein kleiner Sohn geboren, das adoptierte Kind, von dem sie mir erzählt hatte – sie glaubte, daß geschlechtliche Liebe nur durch Kinder gerechtfertigt wäre. Wenn der Junge nicht gestorben wäre, hätte sie mit Millevoye ganz gebrochen und in Irland gelebt. So wie es jetzt stand, hatte sie mit dem Gedanken gespielt, nach dem Tod des Kindes mit ihm zu brechen und hatte sich für eine Woche mit einem andern verlobt – dabei dachte ich, ich hätte diese armselige Verlobung wohl als Belohnung verdienen können – hatte aber die Verlobung gelöst. Es kam ihr der Gedanke, daß das verlorene Kind wiedergeboren werden könnte, und sie war zu Millevoye zurückgekehrt in der Krypta unter der Gedächtniskapelle. Ein Kind wurde geboren, das jetzt zwei Jahre alt war. [19] Seit der Geburt des Kindes, so jedenfalls hörte ich es aus diesen Gesprächsfetzen heraus, hatten Millevoye und sie sich getrennt.

Aber sie war ihm notwendig. Sie wisse nicht, was aus ihm würde, wenn ihr Einfluß nicht mehr da sei. Ich frage mich, während ich dies niederschreibe, ob ich sie richtig verstanden habe, ob sie nicht an irgendeine Mission für ein politisches Ideal dachte, dem er untreu werden könnte. Ich glaubte damals, sie beschwichtigte ihr unruhiges Gewissen damit, daß sie ihre Pflicht bis zum letzten I-Tüpfelchen tat, und Lady Gregory hat mich später in dieser Auffassung bestärkt. Und in allem, was darauf folgte, war ich sorgsam bedacht, sie wie eine Schwester anzufassen. Sollte sie zu mir kommen, dann dürfte sie nicht von einem vorübergehenden leidenschaftlichen Impuls geleitet werden, sondern mit Billigung ihres Gewissens. Oft und oft habe ich mich seitdem, wenn ich nachts wach lag, angeklagt, ich hätte nicht, wie ich glaubte, aus hohen moralischen Erwägungen heraus, sondern aus einer Furcht vor moralischer Verantwortung gehandelt, und meine Gedanken drehten und drehten sich, wie unglückliche Gedanken tun, und kamen zu keiner Lösung. Etwas später, wieviele Tage, weiß ich nicht mehr, saßen wir zusammen, als sie sagte: »Ich höre eine Stimme, die sagt: ›Du stehst kurz vor der Initiation des Speers‹.« Wir wurden still; eine Doppelvision enthüllte sich, keiner sprach, bis es alles vorbei war. Sie dachte sich als eine große steinerne Statue, durch die eine Flamme hindurchging, und ich fühlte, wie ich eine Flamme wurde, die an einer großen steinernen Minerva emporstieg und aus den Augen der Statue hervorsah. Versuchten die Wesen, die hinter dem menschlichen Leben stehen, uns zu vereinigen, oder hatten wir die Vision durch unsere eigenen Träume hervorgebracht? Sie war jetzt immer sehr gefühlsbetont und küßte mich sehr zärtlich, aber als ich am Vorabend ihrer Abreise von Heirat sprach, sagte sie: »Nein, es scheint mir unmöglich.« Und dann, mit ineinandergepreßten Händen: »Ich hab einen Abscheu und eine große Angst vor körperlicher Liebe.« Lady Gregory war in Venedig, kam aber sofort nachhause, nachdem ich ihr einen wirren Brief geschrieben hatte. Sie bot mir Geld zum Reisen an und riet mir, Maud Gonne nicht zu verlassen, bis ich ein Heiratsversprechen von ihr hätte, aber ich sagte: »Nein, ich bin zu erschöpft; ich kann nichts mehr tun.«

I

(Ende 1908.) Heute kam mir der Gedanke, daß PIAL [20]
meine Pläne oder mein Wesen oder meine Ideen nie wirklich
versteht. Dann kam mir der Gedanke, was macht das? Wie
vieles von dem Besten, was ich getan habe und noch tue, ist
nichts als der Versuch, mich ihr zu erklären. Wenn sie
verstünde, hätte ich keinen Grund mehr zum Schreiben, und
man kann nie zuviele Gründe haben für etwas, was so
mühselig ist. [21]

II

Mir scheint, daß die Liebe, wenn sie von feiner Art ist, im
wesentlichen eine Schulung ist, aber sie braucht soviel Weis-
heit, daß die Liebe zwischen Salomo und der Königin von
Saba von Dauer gewesen sein muß trotz des Stillschweigens
der Bibel darüber. In der weisen Liebe errät jeder das hohe
geheimnisvolle Selbst des andern, und indem er sich weigert,
nur an das alltägliche Selbst zu glauben, schafft er einen
Spiegel, worin der Liebende oder Geliebte ein Bild sieht, das
er für das alltägliche Leben nachahmen kann. Die Liebe
schafft auch die Maske.

III

Die Liebste ist böse darüber, daß ich seit neustem
Das gemeine Gesindel so schlechtmache.
Als ob sie mich nicht selbst gelehrt hätte zu hassen
Durch ihre Küsse für einen Clown. [22]

Yeats, nach einer Zeichnung (1908) von John E. Sargent

IV

20. März 1909. Maud Gonne schreibt, sie lerne Gälisch. Ich sähe sie viel lieber als Propagandistin des Gälischen als irgendeiner anderen irischen Bewegung, es sei denn einer für die dekorativen Künste. Ich befürchte für sie irgendeine

neue Hingabe an eine Meinung. Frauen geben sich, da das Hauptereignis in ihrem Leben eine Hingabe war, einer Meinung hin, als ob diese eine schreckliche steinerne Puppe wäre. Wir (Männer) nehmen eine Meinung leicht an und verraten sie leicht, und wenn wir ihr treu bleiben, bewahren wir uns dennoch die Gewohnheit vieler Interessen. Wir sehen die Welt, wenn wir stark in Geist und Körper sind, noch mit stetigem und vorsichtigem Blick, aber für sie werden Meinungen zu ihren Kindern oder ihren Liebsten, und je größer ihre Gefühlsnatur ist, desto mehr vergessen sie alles andere. Sie werden grausam, als müßten sie einen Liebhaber oder ein Kind verteidigen, und all dieses wird um etwas andern willen als das menschliche Leben getan. Schließlich wird die Meinung so sehr ein Teil von ihnen, daß ein Teil ihres Fleisches gleichsam zu Stein wird und ein großer Teil ihres Wesens nicht mehr dem Leben angehört. In der Vergangenheit war das ein Teil ihrer (Maud Gonnes) Macht, und obgleich sie so mit ihrem Geist kapitulierte, blieb ihr doch die Lieblichkeit ihrer Stimme und viel Humor; dennoch muß ich für sie fürchten. Frauen sollten ihr Spielen mit Puppen in der Zeit ihres kindlichen Glücks beenden, denn wenn sie später wieder mit ihnen spielen, geschieht es inmitten von Haß und Bosheit.

1 John O'Leary (1830–1907), der Anführer der Fenier, einer irischen Freiheitsbewegung. Sie wurde 1858 als Geheimbund der nationalen Iren zum Sturz der englischen Herrschaft gegründet. Der Name ist von *Fianna* abgeleitet, der Kriegerkaste der alten Hochkönige von Irland. Der Bund entartete schließlich zu einer terroristischen Gruppe.

2 Maud Gonne (1865–1953). Sie war also etwa gleichaltrig mit Y. und hat ihn um viele Jahre überlebt.

3 *Gräfin Cathleen,* s. Werke III.

4 Thomas Davis (1814–45), Führer der Jungirland-Bewegung. Den Dichtern, die sich ihr anschlossen, ging es darum, das Nationalbewußtsein durch eine Besinnung auf die glorreiche Vergangenheit, durch die Wiederbelebung der altirischen Dichtung zu fördern.

5 William O'Brian (1852–1928), Journalist mit nationalen Überzeugungen.

6 O'Learys Kopf, vgl. dazu das Gedicht *Schöne erhabene Dinge.*

7 Aus dem Gedicht *Der Pfeil* (1903).

8 Neue Stadt: Auf Anraten O'Learys und anderer irischer Nationalistenführer hatte man in der Nähe von Tipperary eine neue Stadt gegründet, um einem mächtigen Landbesitzer zu entgehen.

9 Grün und Kleeblätter: die Farbe und das Emblem der Iren.

10 Das Kind war ihr eigenes, keine Tochter, sondern ein Sohn, wie man später noch erfährt.

11 Charles Stuart Parnell (1845–91), der protestantische Führer der nationalistischen Partei, war am 9. Oktober 1891 in England gestorben. Er kämpfte für Homerule, d. i. Selbstregierung für Irland, die seit etwa 1870 vom britischen Parlament gefordert und erst 1922 mit der

offiziellen Gründung des Irischen Freistaats erreicht wurde. Eine Scheidungsaffäre führte 1890 zu seinem Sturz.

12 Yeats war 1890 dem Hermetischen Orden der goldenen Morgenröte beigetreten.

13 Plan of Campaign: das war ein Plan, nach dem die Pachtbauern sich weigern sollten, mehr als die angemessene Pacht zu zahlen.

14 Yeats hatte sie vor ihrer politischen Tätigkeit aufgefordert: »Werde die feurige Hand der intellektuellen Bewegung.«

15 Sir Charles Gavan Duffy (1816–1903) war einer der Begründer der Zeitschrift *Nation,* deren Ziel es war, »die Sympathie aller gebildeten Männer aller Parteien auf das große Ziel der Nationalität« zu lenken. Auch Dr. George Sigerson (1839–1925) gehörte zu diesen eifrigen Literaten, die die irische Literatur verherrlichten.

16 Diana Vernon, eine Figur, die bei Walter Scott vorkommt. Ihr wirklicher Name war Mrs. Olivia Shakespear. Sie ist die Mutter von Dorothy Shakespear, der späteren Frau von Ezra Pound. Sie veröffentlichte mehrere Romane und starb 1938. Yeats und sie blieben Freunde bis zu ihrem Tod.

17 Fenier, s. Anm. 1.

18 Edain, eine berühmte Königin der irischen Sage, die aus der Welt ging und bei den Elfen lebte. Sie wird thematisch in dem Stück *Das beßre Land* (Werke III), das nach Yeats' Zeugnis Maud Gonnes Sucht nach dem Unalltäglichen widerspiegelt.

19 Dieses zweite Kind ist Iseult Gonne (1895–1954). Dies war demnach im Jahre 1897.

20 PIAL sind die Initialen Maud Gonnes als Mitglied des Ordens der Goldenen Morgenröte.

21 Dies ist die Prosaform des Gedichts *Worte* unserer Auswahl, das kurz darauf entstand.

22 Maud Gonne hatte am 21. Februar 1903 John MacBride geheiratet. Schon im Jahre 1905 trennte sie sich von ihm. Dieser Vierzeiler blieb unveröffentlicht bis zum Erscheinen der *Memoirs*.

William Butler Yeats bietet das seltene Schauspiel, wie
einer, der als Träumer angetreten war, zu einer nationalen
Gestalt und zum unbestrittenen repräsentativen Dichter sei-
nes Landes und seiner Zeit wird – und zwar nicht deshalb,
weil er zu einem zahmen Würdenträger des Bestehenden
geworden wäre. Er hat sich durchaus das Recht auf poeti-
sche Tollheit bewahrt. Kein weltabgewandter Träumer, son-
dern einer, der, wie unsere Auswahl zeigt, seine ganze
Existenz feurig darbrachte, immer sein Leben dichtete,
indem er es mit den großen verborgenen Bildern, dem
gültigen Mythos verband.

T. S. Eliot hat an Yeats vor allem seine stetige, über fünfzig
Jahre hin während Selbsterneuerung bewundert, die ihn,
wie er sagt, immer wieder zum Zeitgenossen der nachwach-
senden jungen Dichter machte. Seit 1908 war Ezra Pound,
bewundernd und kritisch, an Yeats' wachsender Modernität
maßgebend beteiligt. In einem seiner bedeutendsten
Gedichte hat W. H. Auden sich zu ihm bekannt. Gewisse
Verse von ihm leben in der heutigen englischen Umgangs-
sprache als beziehungsreiche Anspielung weiter.

William Butler Yeats wurde am 13. Juni 1865 in der Nähe
von Dublin geboren. Sein Vater John Butler Yeats war
Porträtmaler und Schriftsteller, ein witziger Darwinist ohne
christlichen Glauben, obwohl er der Sohn eines protestanti-
schen Pfarrers war. So wächst Yeats ohne orthodoxe Fröm-
migkeit auf in Sligo, Dublin und London, wohin die Familie
schon drei Jahre nach seiner Geburt zieht. Die Sommermo-
nate verbringt er bei seinem Großvater Pollexfen in Sligo.
So zwischen England und Irland aufwachsend kann kein iri-
scher Provinzialismus bei ihm entstehen, da er immer von
beiden Ländern geistig genährt wird. Die 1893 von ihm
veranstaltete große Werkausgabe von William Blake, dem
englischen mystischen Dichter und Maler, seine Essays über

Shelley und William Morris bekennen sich zu diesen Anregungen.

Mit siebzehn beginnt er, Gedichte zu schreiben. Wie sein

Yeats, nach einer Radierung (1907) von Augustus John

Vater und sein Bruder Jack will er zunächst Maler werden, gibt aber sein Studium an der Dubliner Kunstakademie bald auf, um sich ganz der Dichtung und der damals erwachenden irischen Nationalbewegung zu widmen, d. h. den Jungiren, die Irland vor allem geistig beeinflussen und eine irische Renaissance herbeiführen wollten durch die Wiederbelebung der irischen Mythologie und den Hinweis auf die großen ungebrochenen Gestalten der irischen Sage. Mit zweiundzwanzig wieder in London gerät er auf der Suche nach seelischen Symbolerfahrungen in die Loge der Theosophischen Gesellschaft von Madame Blavatsky. Er befreundet sich mit William Morris, der die häßlich gewordene viktorianische Welt wieder mit Schönheit füllen wollte, wobei er sich als Dichter und als Handwerker des präraffaelitischen Erbes und eines idealistischen Sozialismus bediente. Er lernt den Dichter W. E. Henley kennen und die Iren George Bernard Shaw und Oscar Wilde. Diesen ließ er auch zur Zeit des Wilde-Prozesses nicht in viktorianischem Wahn fallen, sondern besuchte ihn im Mai 1895, um ihn mit einer Sympathiekundgebung und, wenn nötig, als Zeuge vor Gericht, moralisch zu unterstützen.

Im Jahre 1889 veröffentlichte er sein erstes Gedichtbuch, *Die Wanderungen Oisins und andere Gedichte*, die noch ganz dem Traumbereich angehörten. Vorher hatte er schon Maud Gonne kennengelernt, die seinem Leben eine neue Richtung gibt, indem sie ihn in die Öffentlichkeit drängt, eine Richtung, die seinem Wesen eigentlich nicht entsprach, aber sie macht ihn, selber wohl zur Liebe unfähig, zum großen Liebesdichter seiner Zeit. Immer auf der Suche nach symbolischen Wesenheiten tritt er mit fünfundzwanzig dem Hermetischen Orden der goldenen Morgenröte bei. Er hat aus vielfältigen Offenbarungen und Ahnungen zwar ein System, nie aber ein sektiererhaftes Glaubensbekenntnis gemacht. Sein immerwacher Intellekt bewahrte ihn davor. Die Neunziger Jahre sind die Zeit der literarischen Gemeinschaften, die eine neue Dichtung begründen helfen wollen.

Yeats wird Mitgründer des Rhymers' Club und der Irish Literary Society zuerst in London, dann in Dublin. Die ganze nachsymbolistische Literatur gerät damals in England ebenso wie in Frankreich und Deutschland durch solche sich zusammenschließende Kreise in neue Bewegung. Mit der *Gräfin Cathleen*, die Yeats 1892 für Maud Gonne schreibt, wendet er sich dem Theater zu. Mit dem im folgenden Jahr erschienenen *Keltischen Zwielicht*, einer Sammlung alter irischer Geschichten, bleibt sein Name lang einseitig verbunden. So als irischer Barde schien er leichtverständlich und so wollte man ihn noch sehen, als er längst schon andere künstlerische Wege eingeschlagen hatte.

Etwas später, 1894, lernt er Mrs. Olivia Shakespear kennen, die dem von seiner Geliebten Verschmähten eine glückliche Zuflucht bietet, wenn auch nur auf ein Jahr. Sie war in allem, außer in ihrer Schönheit, die genaue Gegenfigur zu Maud Gonne: still, ohne Stürme, verstehend, hingebungsvoll. In seinem Gedicht *Freundinnen* hat Yeats die beiden Frauen charakterisiert, wobei eine sonst nicht oft ausgesprochene Bitterkeit für Maud Gonne mitklingt:

Frauen haben eingewoben
Was es an Freude gibt in meine Tage:
Eine, weil kein Gedanke
Noch unverscheuchbare Sorgen,
Nein, nicht in diesen fünfzehn Jahren
Je Geist und entzückten Geist
Entzweien konnten. . . .
Wie aber sie, die alles
Nahm, bis meine Jugend vorbei war,
Mit kaum einem mitleidigen Blick?
Wie könnt ich die preisen?
Beim ersten Licht des Tags
Erwäg ich mein Gutes und Schlechtes
Wachliegend ihretwegen
In der Erinnerung an das, was sie hatte,
Was Adlerblick noch zeigt,

Da von der Wurzel meines Herzens aufquillt
Eine so große Süße,
Zittre ich von Kopf bis Fuß.

Das beßre Land wird in London uraufgeführt. Im Jahre
1896 lernt er John Synge kennen, den er zu seiner wahren
Lebensaufgabe hinführt, indem er ihm ermöglicht, seine
Stücke zu schreiben, und Lady Gregory, die von nun an
seine großherzige Gönnerin wird. Auf ihrem Landsitz Coole
Park findet er, der immer einen schweren Kampf um seine
Existenz zu bestehen hatte, die nötige Ruhe für seine Arbeit
in vielen Sommern, bis zu Lady Gregorys Tod im Jahre
1932. Mit Maud Gonne geht er auf Vortragsreisen durch
England, 1902 gründet er die Irish National Theatre Socie-
ty, deren Präsident er wird. Sein einziges direkt politisches
Stück *Cathleen ni Houlihan* wird mit Maud Gonne, die
diese Verkörperung Irlands darstellt, aufgeführt. Im folgen-
den Jahr heiratet Maud Gonne John MacBride, wohl nicht
aus Liebe, sondern weil er ein ebenso fanatischer politischer
Kämpfer war wie sie.

Das Jahr 1904 bedeutet einen wichtigen Einschnitt für
Yeats. Er begründet das irische Nationaltheater, das
berühmte und heute noch bestehende Abbey Theatre, dessen
Direktor er dann 1906 zusammen mit Lady Gregory und
John Synge wird. Das war der Versuch eines Einzelnen, ein
Nationaltheater zu schaffen und damit ein sichtbares Instru-
ment für die geistige Erziehung einer dem Geistigen wenig
gewogenen Nation. Er holte sich Gordon Craig als Bühnen-
bildner und bildete seine Schauspieler im Sprechen von Ver-
sen aus. Dazu bediente er sich eines alten Musikinstruments
(psaltry), zu welchem die Verse in einer unrealistischen
Sprechweise aufgesagt wurden. Florence Farr und Sarah
Allgood wurden durch seine Anweisungen zu großen Künst-
lerinnen. Später ließ er sich, für seine Tanzstücke, Masken
von Dulac anfertigen. Endlich konnte er seine Pläne zur
Schöpfung eines echten Volkstheaters (wie es dann später
ganz ähnlich Garcia Lorca für Spanien vorschwebte) ver-

wirklichen. Der clownhafte Bühnenire, eine stereotypische Lustspielfigur (vergleichbar der komischen Negerfigur in früheren amerikanischen Filmen) sollte nun der lebendigen Darstellung irischen Lebens weichen. Schon seine ersten Stücke wie *Das beßre Land* waren poetisches Volkstheater: Bauernhaus, der Pfarrer, die beschränkte Welt des westlichen Irland. Seine Stücke waren immer auch für Vorstadttheater gedacht, für gemietete Säle, Keller- und Dachbodentheater, weg von der damals beliebten Szenerie des wohleingerichteten Salons, in dem Schauspieler mit vielen Bewegungen plauderten. Leidenschaft, Grausamkeit, Traum, die Grundtriebe der Menschen sollten dargestellt werden; unaktuell sollte es sein im Gegensatz zu den beliebten Thesenstücken. Er kämpfte gegen die unnützen Schauspielerbewegungen, diese Auftritte und Abgänge auf der Bühne. Der Mensch sollte von innen dargestellt werden. In Synges *Well of the Saints* zum Beispiel sitzen im ganzen ersten Akt zwei Menschen am Fuß eines Steinkreuzes. In heutiger Zeit hat Samuel Beckett mit seinen an die Stelle gebannten Figuren manches davon aufgenommen. Es sollten Embleme aus dem Buch des Volkes sein. Im Jahre 1915 wurde Yeats durch Ezra Pound auf die japanischen No-Spiele aufmerksam gemacht und schrieb bis zu seinem Tod eine Reihe von »Stücken für Tänzer«, die er dem No-Stil anglich, aber in denen er die fremden Inhalte mit einheimischen vertauschte. Das will kein Illusionstheater sein. Das spärliche Bühnenbild braucht nichts als ein blaues Tuch für eine Quelle, einen Wandschirm, einen Baum und zwei Musikanten, die die Handlung rhythmisch akzentuieren und mit Worten erklären. Den Höhepunkt der Handlung bildet jeweils ein Tanz, in dem das Thema zusammengefaßt wird.
Neben Synge hat vor allem Sean O'Casey am Abbey Theatre mitgewirkt. Yeats führte einen schweren Kampf um die Existenz seines Theaters, denn die Iren wollten eigentlich etwas ganz anderes: fromme Erbaulichkeiten oder nationalistisch zündende Stücke, vor allem aber eine Ver-

herrlichung des irischen Volkscharakters, an dem man keine Schwäche hervorheben sollte. Das führte zu verschiedenen Theaterskandalen. Die *Gräfin Cathleen* wurde als Angriff auf das Papsttum verstanden, Synge und O'Casey wurden als antiirisch verschrieen. Höhepunkt war dann 1907 der Skandal wegen Synges Stück *A Playboy of the Western World* (dt. *Ein wahrer Held*), in dem ein junger Ire als großsprecherischer Tollkopf erscheint, der sich rühmt, seinen Vater umgebracht zu haben. Dadurch sah sich das irische Publikum beschimpft. Diese Erfahrungen als Dramatiker, Theaterdirektor und Regisseur rissen Yeats in einer neuen Weise ins heimische Leben hinein und wurden ein weiterer Anstoß dazu, seiner Lyrik endgültig die weichen Konturen zu nehmen. Im Jahre 1908 läßt Yeats die achtbändige Gesamtausgabe seiner Werke erscheinen, für die er alle früheren Gedichte und Stücke umarbeitet und die seinen Ruhm begründet.

Im Jahre 1915 lehnt Yeats eine »knighthood« der englischen Krone ab und verschafft James Joyce ein Stipendium. John MacBride wird nach dem blutigen Osteraufstand (Easter Rising) von 1916 hingerichtet. Welche Regung mag es gewesen sein, die den zweiundfünfzigjährigen Yeats 1917 dazu bewog, Iseult Gonne, der Tochter Maud Gonnes, einen Heiratsantrag zu machen? Er wird abgewiesen und heiratet im selben Jahr George Hyde-Lees. Eine Tochter und ein Sohn werden geboren. Im Jahre 1922 beginnt der irische Bürgerkrieg, der zur Gründung des irischen Freistaats führt. Yeats wird Senator des neuen Staats. Im Jahre darauf erhält er den Nobelpreis für Literatur und reist nach Schweden. Eine Wiederwahl in den Senat lehnt er 1928 wegen Kränklichkeit ab und zieht mit seiner Familie nach Rapallo, wo er an einem schweren Lungenleiden erkrankt. Im Jahre 1932 begründet er die Irische Akademie für Dichtung und geht auf eine letzte Vortragsreise nach Amerika, um Geld für diese Gründung zu sammeln. Neben seinen Stücken für Tänzer beschäftigt er sich mit den Upanishaden, die er zusammen mit Swami Shri Purohit übersetzt. 1938 zieht er nach Südfrankreich, arbeitet an seinem letzten Stück *Cuchulains Tod* und sammelt die letzten Gedichte als *Neue Gedichte*. Am 26. Januar 1939 stirbt er an einer plötzlichen Krankheit, wird in Roquebrune beerdigt, aber 1948 wird sein Körper mit einem irischen Korvettenschiff nach Irland überführt und in Drumcliff neu beigesetzt. Sein selbstgedichteter Grabspruch lautet:

Unter Ben Bulbens kahlem Rund
Im Friedhof von Drumcliff liegt Yeats im Grund.
Ein Vorfahr war der Pastor da
Vor manchem Jahr, die Kirche steht nah,
Am Straßenrand ein altes Kreuz.
Kein Marmor, keinen gängigen Satz –
Auf Kalkstein aus dem nahen Bruch
Grab man auf sein Geheiß den Spruch:
Kalt blicke du
Auf Leben, Tod,
Reiter, reit zu!

Yeats hatte eine Theorie der Maske: man muß in der Maske sein Gegen-Ich finden, um dadurch seine wahre Natur zu erkennen. In diesem Buch erscheint Yeats in seiner Rolle als Liebesdichter.

Alle Welt wußte von seiner Liebe zu der schönen mänadischen Schauspielerin und Agitatorin Maud Gonne, für die er einige seiner frühen Stücke schrieb und der zuliebe er sich zeitweilig in die irischen Freiheitskämpfe verstricken ließ. Es wird berichtet, daß er, als er einmal an ihrer Seite an einem Protestmarsch durch Dublin teilnahm, »wie einer im Traum« mitging. Er hatte eine andere Vorstellung von Politik als sie. Er wollte einem Volk ein unrhetorisches geistiges Nationalgefühl vermitteln, eines, das sich nicht auf provinzielle Leidenschaften und religiöse Befehdungen, sondern auf geistige Erkenntnisse stützen sollte. Stattdessen erlebte er, wie immer neue Parteiungen und innere Kämpfe das

Land zurückwarfen. Er hat öfter auf Goethes Ausspruch über die Iren hingewiesen, der auch nach hundert Jahren noch gültig war. Goethe sagte am 7. April 1829 in einem Gespräch mit Eckermann: »Die Katholiken vertragen sich unter sich nicht, aber sie halten immer zusammen, wenn es gegen einen Protestanten geht. Sie sind einer Meute Hunde gleich, die sich untereinander beißen, aber sobald sich ein Hirsch zeigt, sogleich einig sind und in Masse auf ihn losgehen.« Es erschien Yeats wie eine Sünde gegen ihre Schönheit, daß Maud Gonne in immer schriller werdenden Tönen die Volksmenge zur Rebellion aufstachelte. Sie war die Tochter eines Obersten in britischen Diensten, entstammte also der herrschenden Klasse, und es ist leicht zu erkennen, daß sich ihre politische Aggressionslust gegen Vater und Herkunft richtete.

Nie wurde er erhört, und so blieb ihm nichts anderes übrig, als die Geliebte sein ganzes Leben lang zu zelebrieren. Viele seiner bedeutendsten Gedichte gelten ihr, und mit den Jahren entwickelte sich ihre Gestalt zum mythisch überhöhten Sinnbild. Als Gräfin Cathleen, die ihre Seele dahingibt, um das Volk zu retten, erscheint sie früh. In einem seiner letzten Gedichte *Die abtrünnigen Zirkustiere* blickt Yeats auf die Hauptwerke seines Lebens zurück und sagt:

Dann eine Gegenwahrheit in dem Spiel
Der *Gräfin Cathleen*, wie ich es benannte.
Vor Mitleid irr gab sie die Seele hin,
Der Himmel mischt sich ein, daß sie's nicht konnte.
Die Liebste schien mir Selbstzerstörerin,
Von Haß und Fanatismus blind Gebannte,
Dies brachte einen Traum hervor, doch bald
War's dieser Traum selbst, dem mein Lieben galt.

In diesem Traum wird sie zu Leda und Helena, beide Instrumente gottgewollter Zerstörung, aber zugleich Inbegriff von Schönheit und elementarer Kraft. In ihrem feurigen Hochmut wird sie ihm zu Pallas Athene. Was wäre aus seiner Dichtung geworden, wenn sie ihn erhört hätte? Er stellt sich diese Frage selbst in dem Gedicht *Worte*: all die werbenden, bitteren, erhöhenden, anklagenden, leidenden und zornigen Worte hätte er aus dem großen Wortsieb herausgeschüttelt und nur die beruhigenden Liebesworte daringelassen, er hätte gelebt statt zu dichten, glaubt er. So erfährt er die moderne Situation des Künstlers, der zwischen Leben oder Werk zu wählen hat; der, wenn er dichtet, Gefahr läuft, das Leben zu verraten und umgekehrt – nicht als intellektuelle Problematik oder symbolistisches Programm, sondern aus dem Leben heraus.

Mit dieser von ihm zu erschaffenden Maud Gonne, diesem ihm aufgenötigten Traum, hat Yeats eine ganz neue Gestalt der unerreichbaren Geliebten in die Liebesdichtung eingeführt. Es gibt kein literarisches Beispiel für sie. Es gibt nichts Ähnliches in der gesamten Weltliteratur. Diese Maud Gonne und ihr Verherrlicher sind nicht »Literatur«, sondern unmittelbar gedichtetes Leben. Sie ist ja nicht, wie Dantes Beatrice, die früh Gesehene und dann Verlorene, denn er sieht sie häufig und begleitet sie durchs Leben. Sie heiratet einen andern, aber auch das stört ihre Beziehung nur kurze Zeit. Sie ist nicht wie Petrarcas Laura, die mit idealisierten Attributen von dem Liebhaber verklärt wird. Sie ist nicht die *princesse lointaine*, die fürstliche und deshalb unerreichbare Geliebte der französischen Troubadoure, da er ihr sozial durchaus gleichgestellt war; auch nicht die durch ihre Vollkommenheit entrückte, nur durch Ehebruch erreichbare Herrin des Minnesangs, denn unvollkommen rennt sie, nach des Dichters Auffassung, ins Leben hinein und erhört ihn nie. All den kaltherzigen Liebchen, wie man sie aus Heines *Buch der Lieder* kennt, ähnelt sie keineswegs, denn sie glüht für eine Sache und weiß anscheinend gar nichts von Koketterie. Auch eine große Liebende ist sie nicht. Rilke hätte kein Organ für sie gehabt. Sie ist keine Muse, die dem Dichter das Gedicht gewährt (diese Rolle übernimmt nur auf kurze Zeit »Diana Vernon«), sondern eine göttliche Furie, die ihn ins Gedicht treibt, das ihr gleichgültig ist;

machtgierig, auf große öffentliche Huldigungen angewiesen, ist sie dabei von krankhaftem Ekel vor dem Geschlechtlichen gepackt. Nicht Seelenadel bringt sie im Dichter hervor, sondern dauernde Selbstrechenschaft und eben »Worte«, zum Glück viele Worte.

Wie hat sie wohl auf ihre Zeitgenossen, die nicht von ihr Bezauberten oder Fanatisierten, gewirkt? Sean O'Casey zeichnet im zweiten Band seiner Autobiographie ein scharfgesehenes einprägsames Bild von ihr im Alter, aus dem Bewunderung und Abwehr sprechen: »Da sitzt sie in steinernem Schweigen, einstmals eine Sibylle des Patriotismus, aus der nie ein Orakel kam; jetzt schweigsam und alt; ihre tiefliegenden Augen nun traurig, mit einem Strahl von Enttäuschung; nie ganz zuhause bei den Massen, deren Jubel sie liebte; immer noch die Tochter eines Obersten.«

Fast alle diese Gedichte sind dem ersten Band der großen Ausgabe (Werke I, Luchterhand) entnommen. Das *Lied der Deirdre* ist dem Dramenband (Werke III), die beiden Lieder der Decima und *Krone aus Gold oder Dung vom Schwein* sind dem andern Dramenband (Werke IV) entnommen. Speziell für diese Auswahl wurden zum erstenmal übersetzt *Der Liebende spricht von der Rose in seinem Herzen, Brauner Pfennig* und *Gefallene Hoheit*. Die Auszüge aus den Lebenserinnerungen und dem Tagebuch entstammen nicht der von Yeats veröffentlichten »Autobiographie« (Werke VI), sondern einer privaten Vorform dieser Autobiographie, die erst 1972, von Denis Donoghue aus dem hinterlassenen Manuskript entziffert und herausgegeben, unter dem Titel »Memoirs« im Druck erschienen ist. Sie erscheinen hier zum erstenmal auf deutsch.

INHALTSVERZEICHNIS

„Seit fünfzig Jahren haben wir keinen Band Yeats mehr auf dem deutschen Büchertisch liegen gehabt. Nun hat sich endlich ein Verlag in die enormen Unkosten einer sechsbändigen Sammelausgabe der wichtigsten Hervorbringungen des großen irischen Dichters, Essayisten und Theaterautors gestürzt.

Bestellt wurde ein deutscher homme de lettres, Sprachenkenner, Poet und Schriftsteller von anspruchsvollem Rang als Herausgeber und teilweisen Übersetzer für die mühselige Aufgabe der Sichtung und auch der Gewinnung von geeeigneten Helfern.

Als Ergebnis liegt heute die (...) Ausgabe mit ihrem Abschlußband vor: eine Fleißarbeit nicht nur, sondern ein mit Leidenschaft betriebenes Unternehmen, das seine tausend und mehr Arbeitsstunden gekostet hat: herrlich gedruckt, vorgestellt in der würdigsten Form, eine Zier fürs Bücherbord und eine Verlockung für die dem Lesen vorbehaltete Zeit des Nutznießers.

Und das sind in diesem Fall wir alle, denen sich Irland dank seinem Ulysses als ein ungeheurer Kontinent der Welt- und Seins-Verwortung aufgetan hat. Ein Kontinent voll von einzelnem Geheimnis unter jeder literarisch-geologischen Schicht: Goldadern und Kristalldrusen, Zaubergerät und unterirdische Quellen. (...) Wir können von Yeats aus tiefer hinein in den Zauberdschungel, aber auch in die schicksalhaft bedingte Problematik dieses Volkes, das uns weniger bekannt ist als Azteken und Inkas, obwohl es uns so nahe benachbart lebt.

Diese Tore hat der Luchterhand Verlag mit seiner kühnen Leistung ein für alle Mal aufgestoßen. Von seiner Position aus kann man Yeats weiter erschließen, ihn tiefer entdecken, neue Publikationen aufschließen.“

Werner Helwig

William Butler Yeats
Werke in 6 Bänden
Herausgegeben von Werner Vordtriede

Band 1: Ausgewählte Gedichte.
1971. 312 Seiten. Leinen

Band 2: Erzählungen.
1971. 225 Seiten. Leinen

Band 3: Dramen I.
1972. 248 Seiten. Leinen

Band 4: Dramen II.
1972. 220 Seiten. Leinen

Band 5: Essays.
1973. 344 Seiten. Leinen

Band 6: Autobiographie
1973. 538 Seiten. Leinen